施設管理者のための
建築物の簡易な劣化判定ハンドブック

令和５年版

第Ⅲ編　各部の名称

編集・発行　一般財団法人　建築保全センター

監　　修　国土交通省大臣官房官庁営繕部

目　次

本書及び本編の構成

第Ⅰ編　劣化判定の進め方

□劣化判定の進め方
劣化判定の事前の準備、判定作業の実施、結果の記録まで、一連の進め方について解説しています。

□劣化による建築物への支障とその対応の例
雨漏り、落下、その他代表的な劣化による支障とその対応の例について解説しています。

□参考資料
用語索引、関係法令を掲載しています。

第Ⅱ編　劣化判定シート

□劣化判定総括表
記録様式として、劣化判定総括表と関係写真の記入要領・記入例を掲載しています。

□劣化判定シート
支障の内容ごとに、建築物の各部・設備機器に生じる代表的な劣化状況について、判定の目安となる写真と対応例を掲載しています。

第Ⅲ編　各部の名称

□各部の名称
建築物の各部分の名称について、部材や仕上げ材料、設備機器ごとに、代表的な写真とともに簡潔に説明しています。
設備システム（電気設備・機械設備）についても、システムの概念図を掲載して説明しています。

各部の名称は、一般的な建物の構成と、部位・部材のうち目に触れることが多いものと建物の機能を維持するうえで重要なものについて、掲載しています。

各部の内容は、国土交通省大臣官房官庁営繕部のホームページで提供されている次のパンフレット、ガイドブックも参考とし、一部の写真を引用しています。

パンフレット：支障がない状態の確認（引用している写真：※1）
https://www.mlit.go.jp/gobuild/gobuild_tk3_000042.html

官庁施設の施設管理者のための防災性能確保ガイドブック
（引用している写真：※2）
https://www.mlit.go.jp/gobuild/gobuild_tk3_000008.html

以上の他、国土交通省大臣官房官庁営繕部より提供していただいた写真も一部に掲載しており、それは※3 と表示しています。

また、説明は次の文献等を参考に記載しています。

・彰国社編、建築大辞典第２版、彰国社、1993
・weblio 辞書　建築・不動産、https://www.weblio.jp/cat/architecture（参照 2018-9、2023-7）
・国土交通省ホームページ（バリアフリートイレ）、https://www.mlit.go.jp/sogoseisaku/barrierfree/content/001443243.pdf（参照 2023-7）
・東京都ホームページ（バリアフリートイレ）、https://www.daredemo-tokyo.metro.tokyo.lg.jp/feature/what-is-barrierfree-toilet/（参照 2023-7）

各部の名称

1．構造部材

（1）基礎

木造住宅の基礎

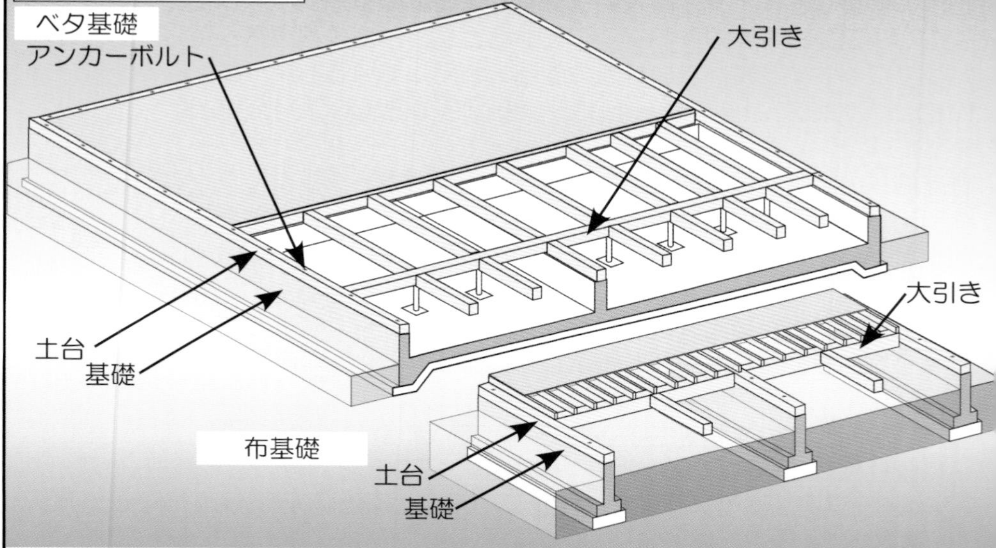

免震建物の基礎

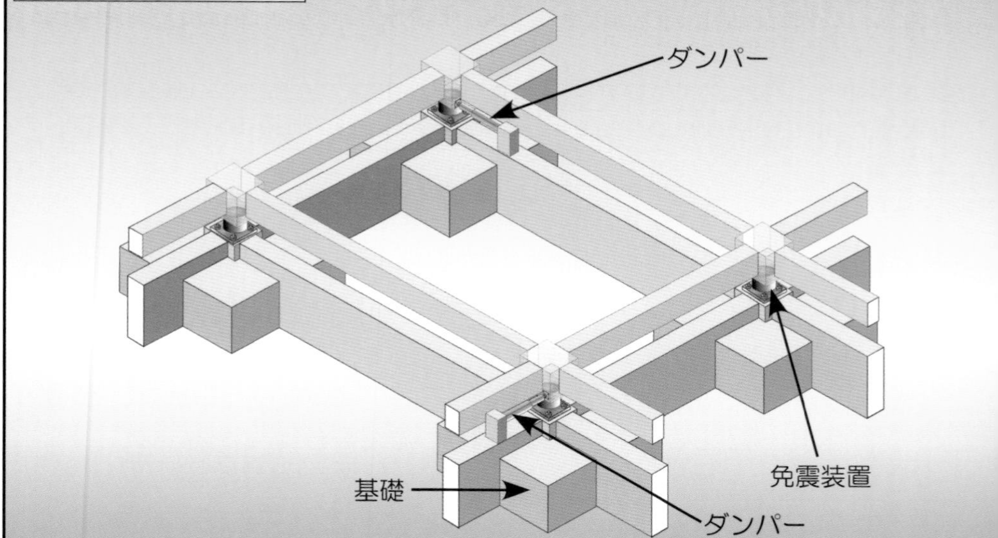

各部の名称

1．構造部材

（1）基礎

基礎《きそ》

上部構造からの荷重を地面に伝える下部構造の総称。写真は木造住宅のベタ基礎。

免震《めんしん》装置《そうち》

地震の揺れを抑制するために積層ゴム等を用いた装置。建築物を支持する役割も持つ。

ダンパー

地震のエネルギーを吸収し揺れを抑制するための装置。

独立《どくりつ》基礎《きそ》

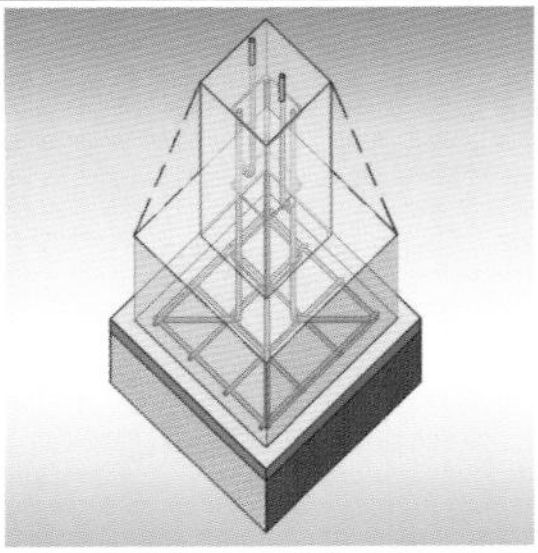

単独の基礎。

布《ぬの》基礎《きそ》

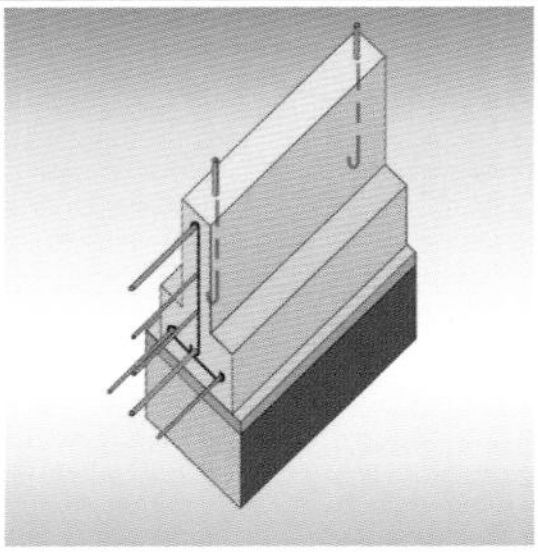

壁等の長さ方向に同断面で連続した基礎。連続基礎ともいう。

ベタ基礎《きそ》

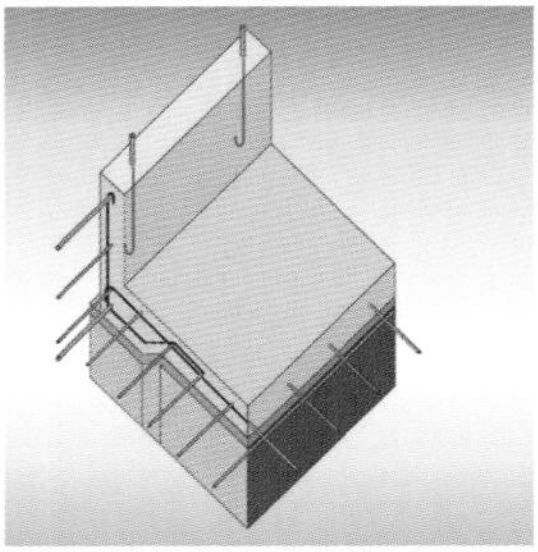

建築物の底面積全体に設けた板状の基礎。

複合《ふくごう》基礎《きそ》

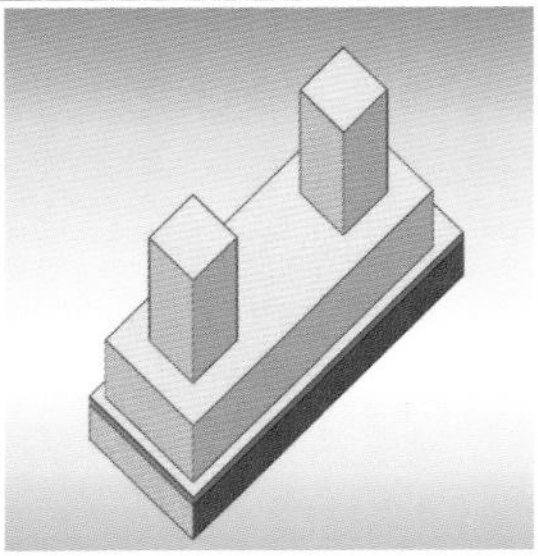

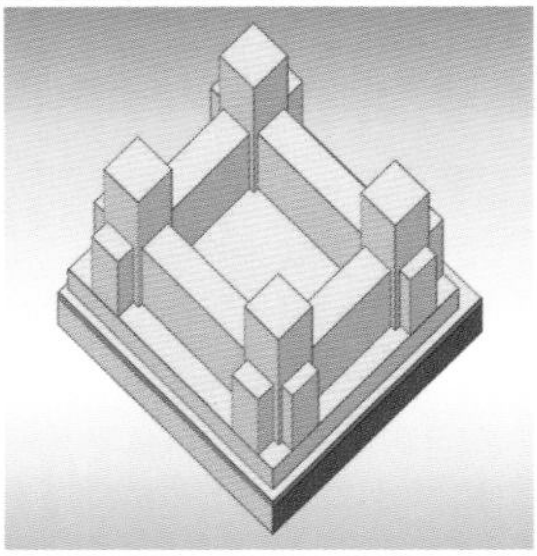

２本以上の柱を支える基礎。

杭《くい》基礎《きそ》

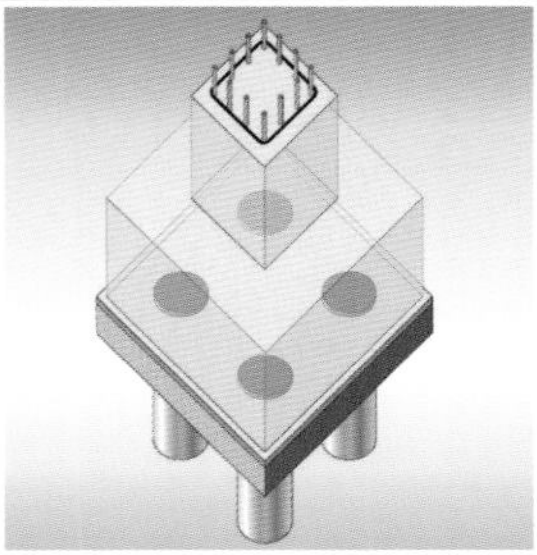

杭を用いた基礎。

各部の名称

1．構造部材

（2）木造

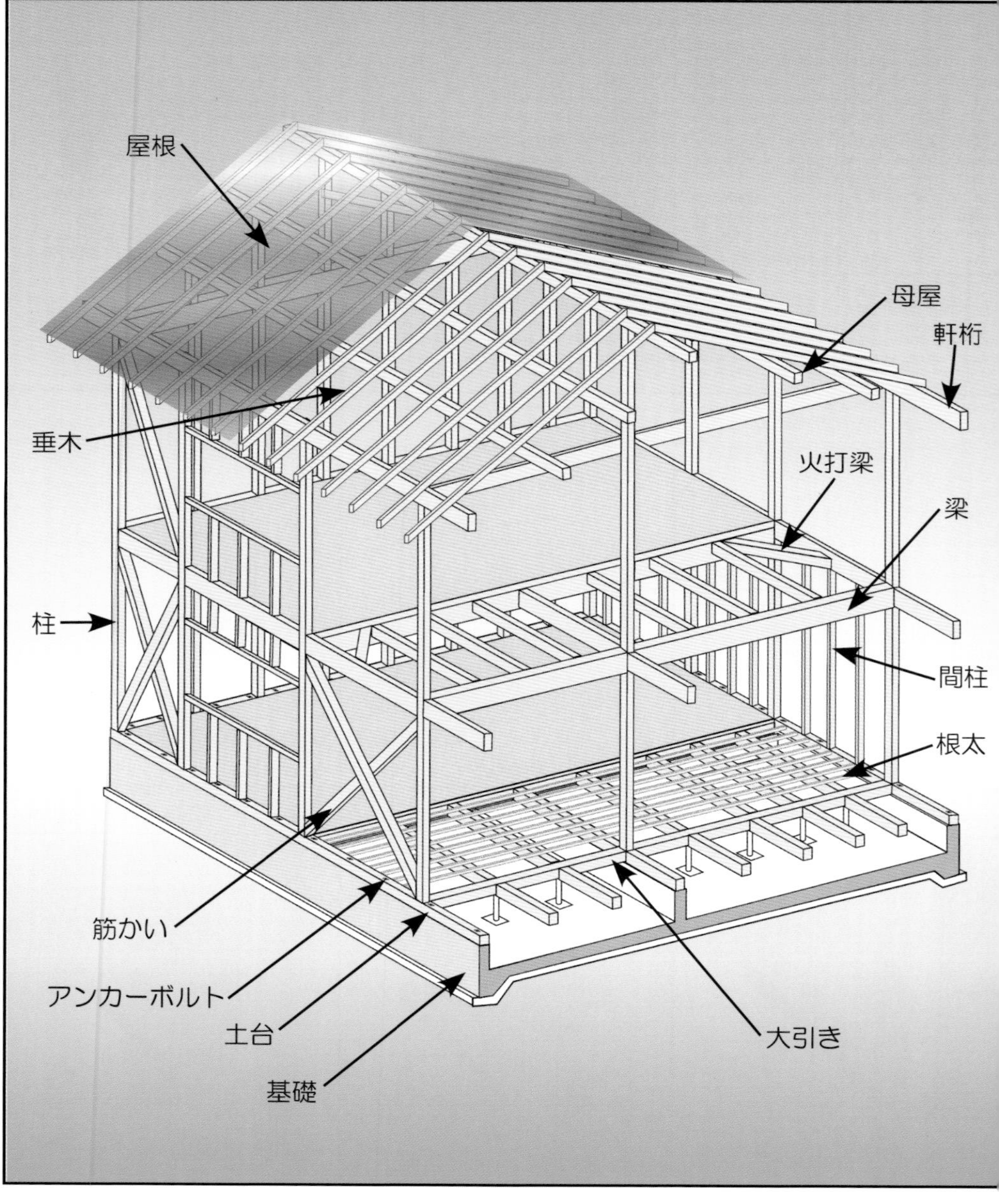

各部の名称
1．構造部材
（2）木造

小屋組《こやぐみ》

屋根を支える屋根裏の骨組み。棟木、垂木、母屋、軒桁、小屋梁等で構成される。

垂木《たるき》

屋根板あるいは屋根下地を支えるために棟から母屋、軒桁に架け渡す部材。

母屋《もや》

屋根板あるいは屋根を支えるための垂木を受ける部材。

軒桁《のきげた》

垂木を受け、小屋梁を桁行方向につなぐ役目を持つ母屋の一種。

柱《はしら》

屋根や床の荷重を支え、基礎に伝える役目を果たす垂直部材。

梁《はり》

屋根や床の荷重を柱に伝える水平部材。

筋《すじ》かい

柱と梁により四辺形に組まれた軸組に対角線上に入れた補剛材。

土台《どだい》

柱の下部に配置して、柱からの荷重を基礎に伝える役割を果たす横材。

アンカーボルト

土台を、コンクリート基礎に緊結するための埋込ボルト。

各部の名称

1. 構造部材

(3) 組積造

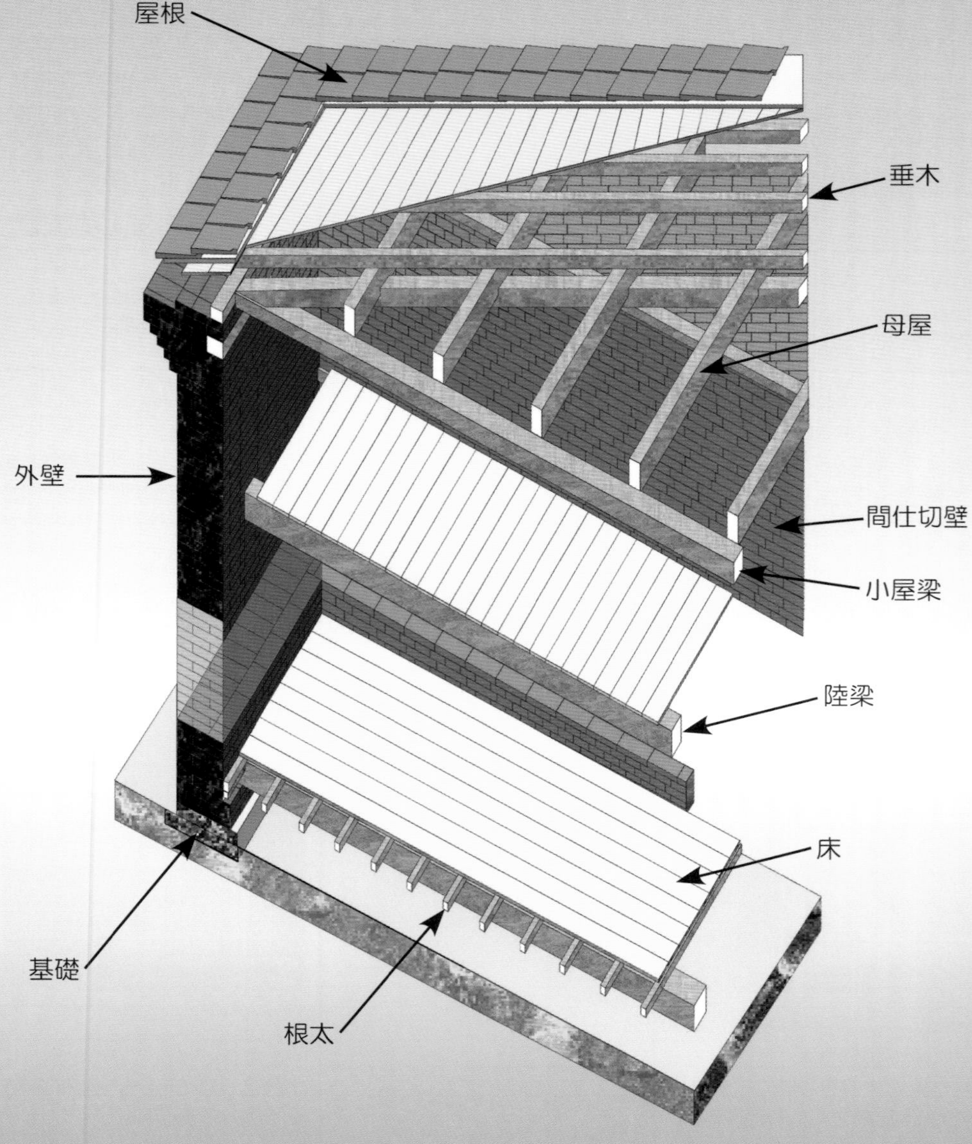

各部の名称

1．構造部材

（3）組積造

小屋組《こやぐみ》

屋根を支える屋根裏の骨組み。棟木、垂木、母屋、軒桁、小屋梁等で構成される。

垂木《たるき》

屋根材及び屋根下地を支える棟から軒桁までに架け渡す部材。

母屋《もや》

屋根板あるいは屋根を支えるための垂木を受ける部材。

小屋梁《こやばり》

小屋組の一番下に水平に設ける部材。

間仕切壁《まじきりかべ》

組積造建築物の間仕切壁の例。

外壁《がいへき》

組積造建築物の外壁の例。

陸梁《ろくばり》

屋根や床の荷重を柱に伝える水平部材。

床組《ゆかぐみ》

床を支える床下の骨組み。

床《ゆか》

組積造建築物の床の例。

各部の名称

1．構造部材

（4）補強コンクリートブロック（CB）造

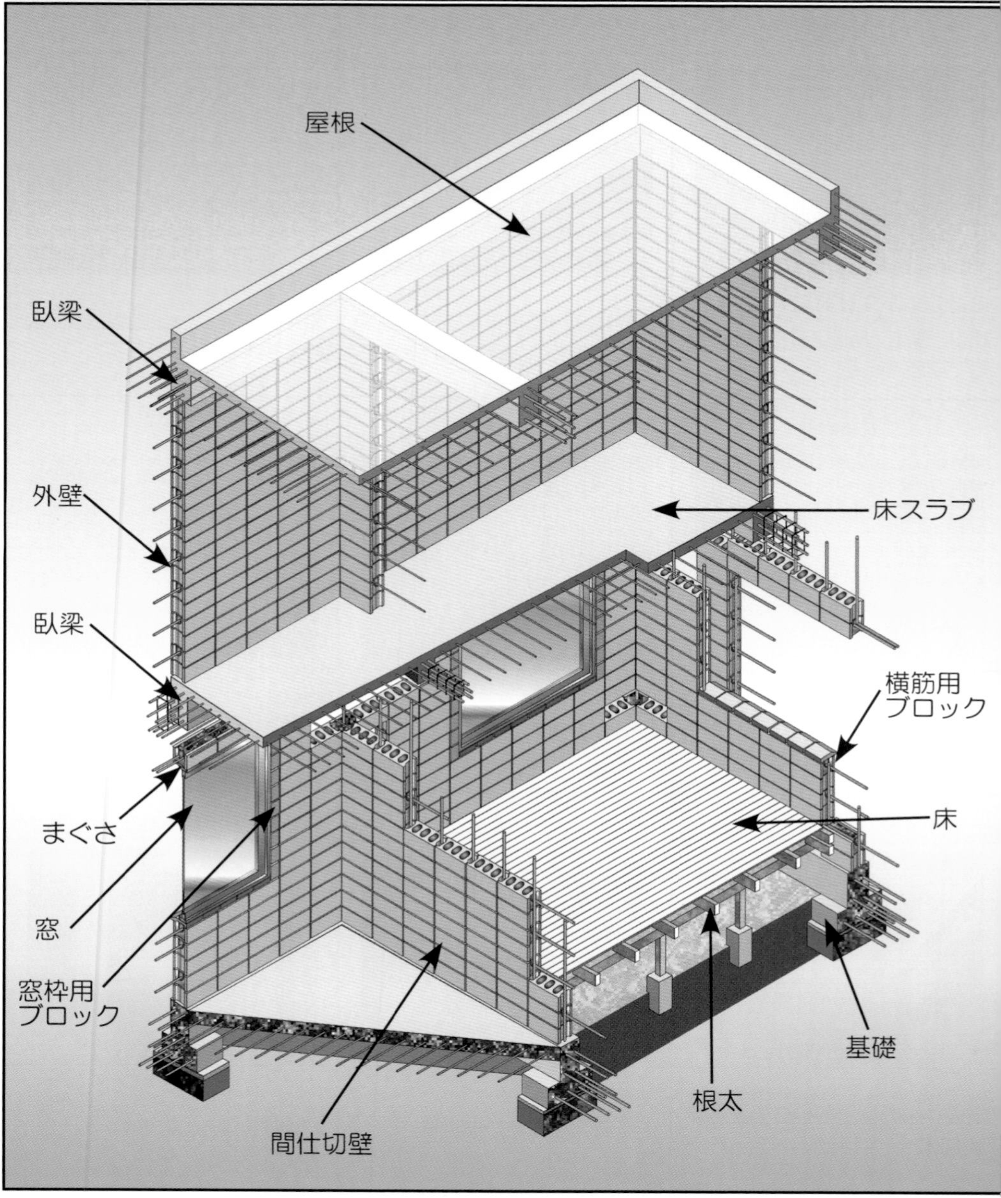

各部の名称

1．構造部材

（4）補強コンクリートブロック（CB）造

屋根《やね》

屋根の構造は、木造、鉄骨造又は鉄筋コンクリート造が用いられる。

臥梁《がりょう》

補強コンクリートブロック造などの組積造において壁体の頂部をつないだ現場打ち鉄筋コンクリート梁をいう。

外壁《がいへき》

補強コンクリートブロック造建築物の外壁の例。

まぐさ

開口部の上部に渡された水平材。

間仕切壁《まじきりかべ》

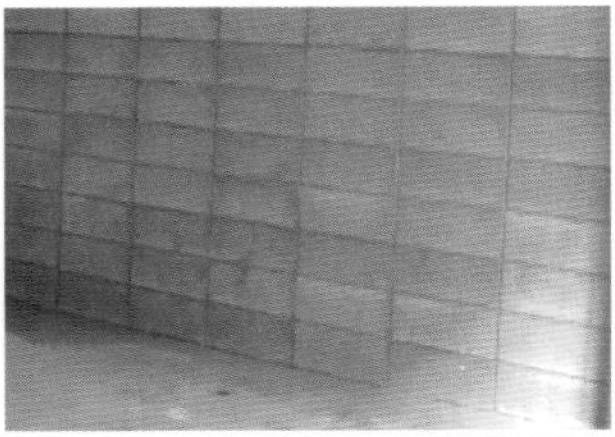

補強コンクリートブロックを用いた間仕切壁の例。鉄筋コンクリート造等の建築物でも用いられる。

床《ゆか》

床の構造は、木造、鉄骨造又は鉄筋コンクリート造が用いられる。

コンクリートブロック

成形、硬化させた製品。空洞コンクリートブロックをさすことが多い。

横筋用《よこきんよう》ブロック

鉄筋を横に配筋できるタイプのブロック。

各部の名称
1．構造部材
(5) 鉄骨 (S) 造

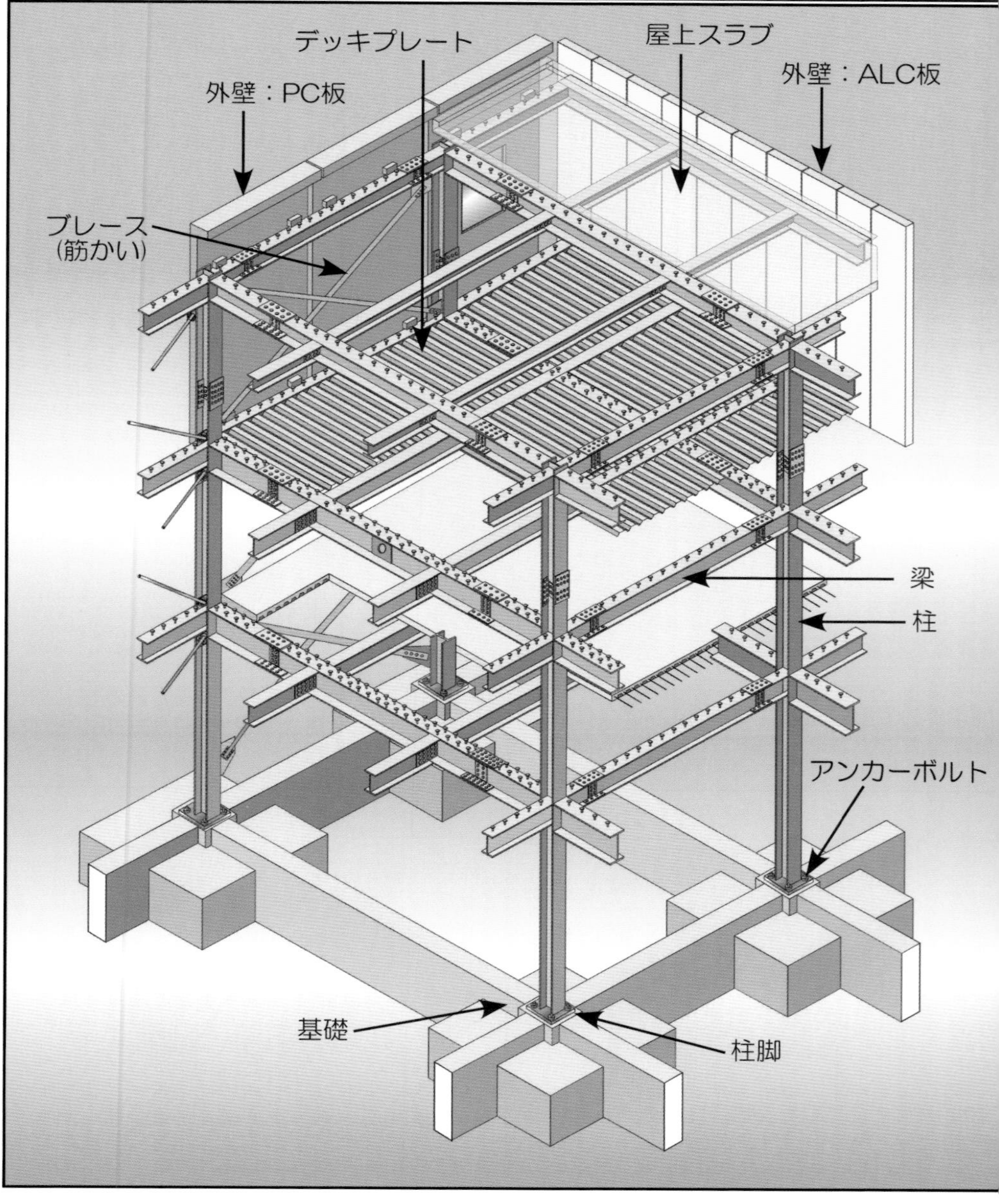

各部の名称
1．構造部材
（5）鉄骨（S）造

小屋組《こやぐみ》	梁《はり》	デッキプレート
	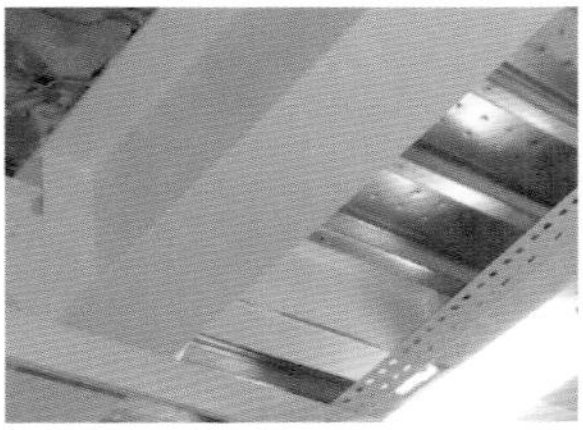	
屋根を支える屋根裏の骨組み。写真は体育館等の小屋組。	屋根や床の荷重を柱に伝える水平部材。	波型に整形された幅の広い鋼板。この上にコンクリートを打って床を造る。
柱《はしら》	**耐火被覆《たいかひふく》**	**ブレース（筋《すじ》かい）**

屋根や床の荷重を支え、基礎に伝える役目を果たす垂直部材。	骨組である柱、梁の鉄骨等を火災から守るための被覆。	柱と梁により四辺形に組まれた軸組に対角線上に入れた補剛材。
柱脚《ちゅうきゃく》	**アンカーボルト**	

基礎に荷重を伝えるための柱の脚部。	柱をコンクリート基礎に緊結するための埋込ボルト。	

各部の名称

1．構造部材

（6）鉄筋コンクリート（RC）造・ 鉄骨鉄筋コンクリート（SRC）造

鉄筋コンクリート造

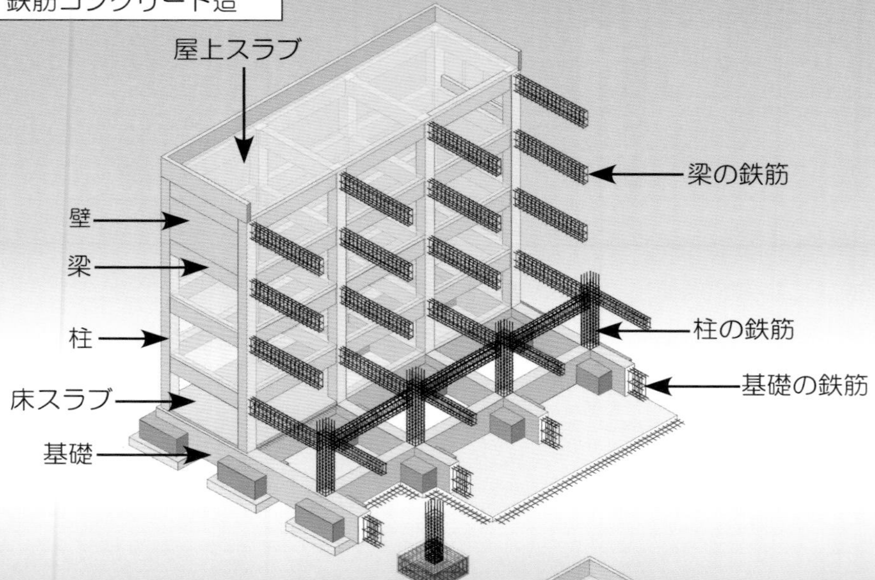

鉄骨鉄筋コンクリート造

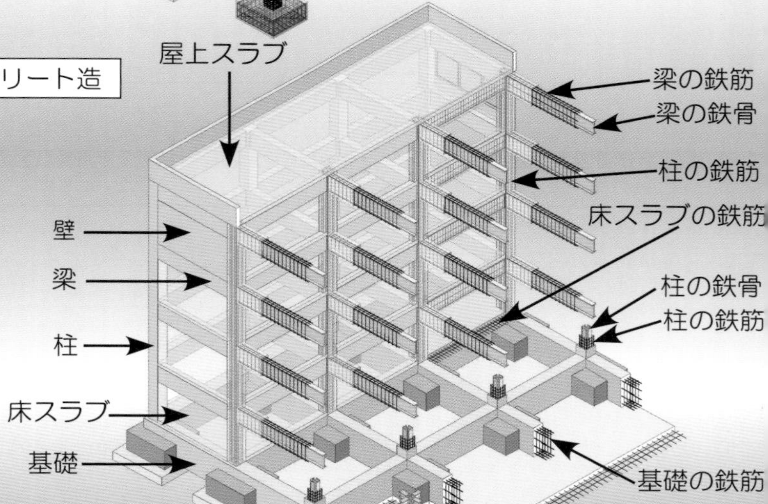

各部の名称

1．構造部材

（6）鉄筋コンクリート（RC）造・ 鉄骨鉄筋コンクリート（SRC）造

屋上《おくじょう》（スラブ）	梁《はり》（鉄筋《てっきん》コンクリート）	柱《はしら》（鉄筋《てっきん》コンクリート）

一般的には、屋上に設ける鉄筋コンクリートの床版をいう。	屋根や床の荷重を柱に伝える水平部材。	屋根や床の荷重を支え、基礎に伝える役目を果たす垂直部材。
SRC造《ぞう》の柱《はしら》	RC造《ぞう》の柱《はしら》の鉄筋《てっきん》	床《ゆか》スラブ

鉄骨鉄筋コンクリート造は鉄骨の柱の周りに鉄筋を組み、コンクリートを打ち込んで施工したもの。	鉄筋コンクリート造において、コンクリートを補強し、外力に対して一体となって働くように用いられているもの。	一般には鉄筋コンクリートの床版をいう。
基礎《きそ》	柱《はしら》、梁《はり》	外壁《がいへき》

基礎の種類は（1）基礎を参照。	屋根や床の荷重を基礎や柱に伝える構造部材。	RC 造建築物の外壁の例。

各部の名称

2．屋根・屋上

（1）屋根の形状

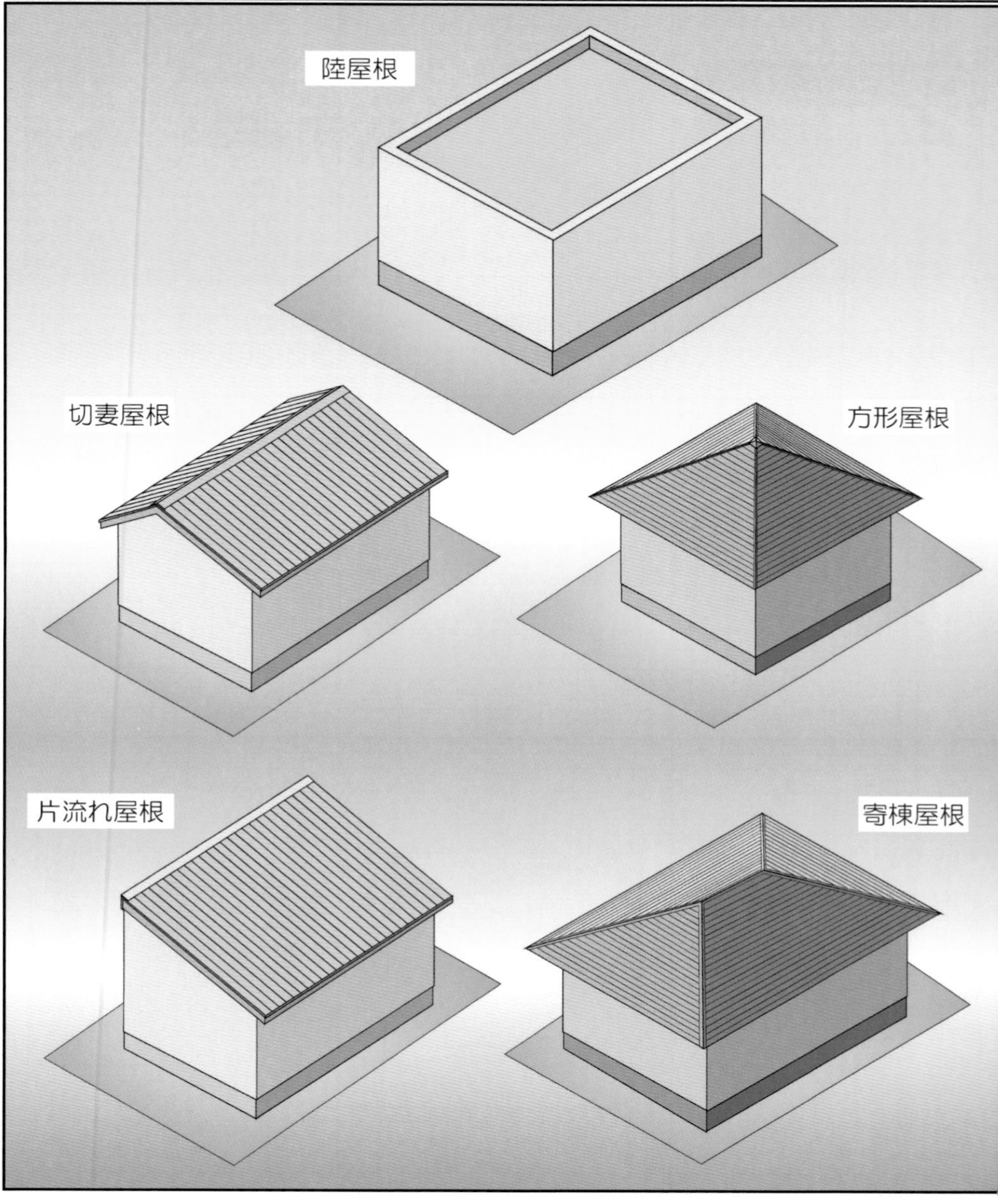

各部の名称

2. 屋根・屋上

（2）屋上防水層、屋根葺き材

屋上保護防水《おくじょうほごぼうすい》	屋上露出防水《おくじょうろしゅつぼうすい》	シート防水《ぼうすい》

アスファルト防水層の上にコンクリートなどの保護層を設けた防水。	アスファルト防水層がそのまま露出となっている防水。	合成ゴム系や合成樹脂系の防水シートを接着剤等で防水層を形成する工法。
塗膜防水《とまくぼうすい》	長尺金属板葺《ちょうじゃくきんぞくばんぶき》	折板葺《せっぱんぶき》
		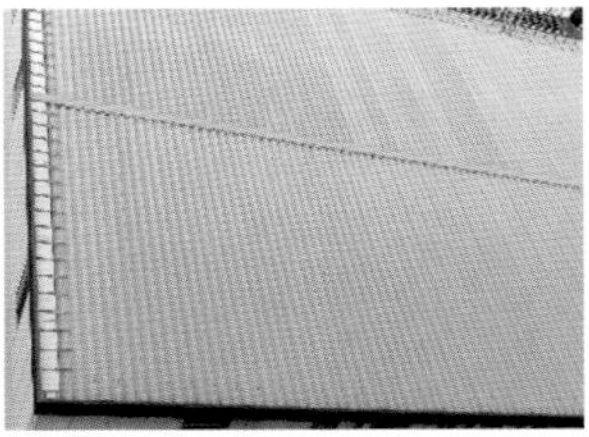
合成ゴム系、合成樹脂系の防水材料を塗布して防水層を形成する工法。	長尺金属板を使用した屋根で横葺、瓦棒葺、平葺等がある。	鋼板製屋根用折板を使用した屋根。
粘土瓦葺《ねんどがわらぶき》	スレート葺《ぶき》	アスファルトシングル葺《ぶき》

粘土瓦を使用した屋根葺。	スレートを使用した屋根。 スレートには、石質の薄板とセメント製品がある。	アスファルトシングルを使用した屋根。

各部の名称

2．屋根・屋上

(3) 屋上周りの各部

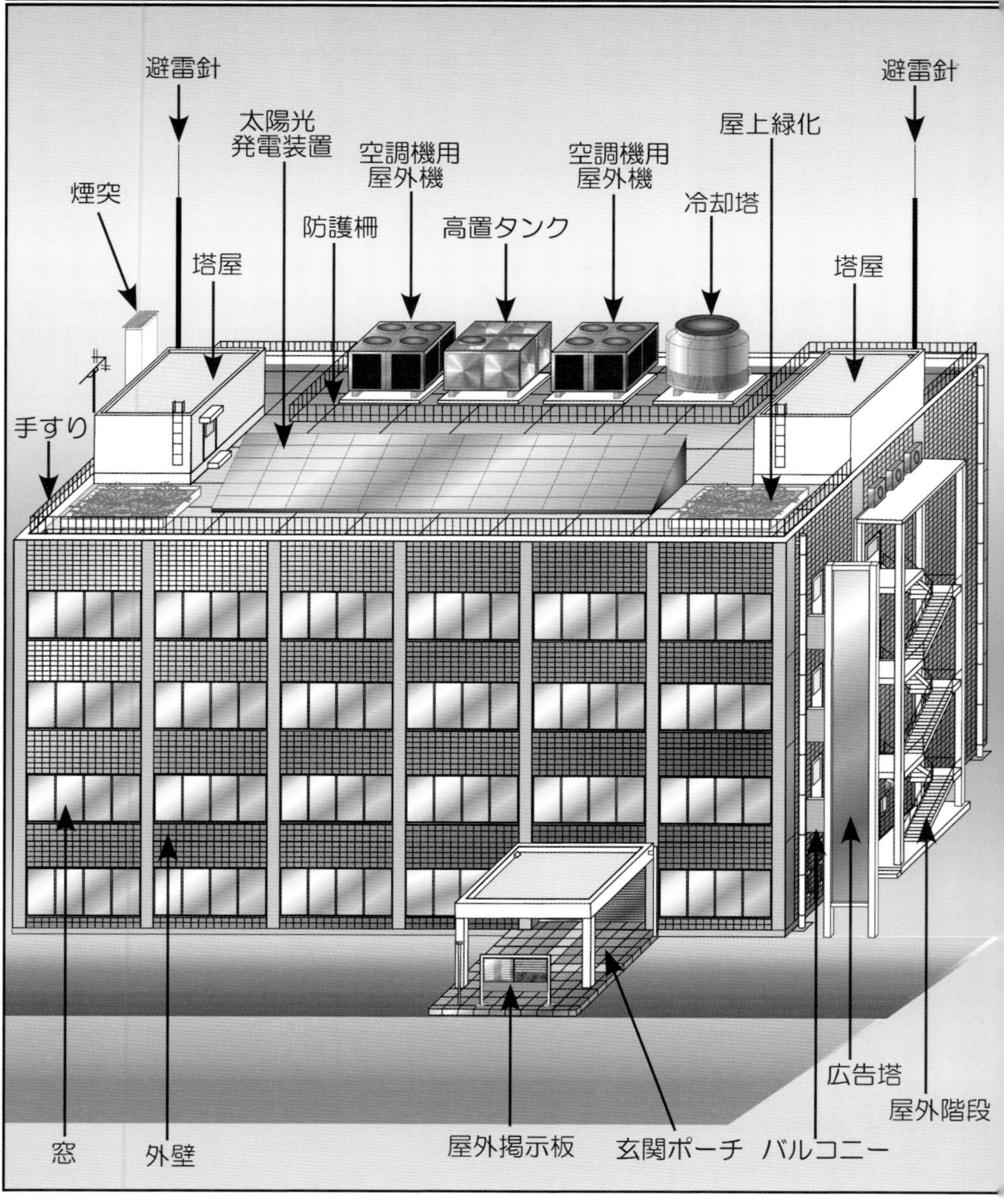

各部の名称

2. 屋根・屋上

（3）屋上周りの各部

高置《こうち》タンク

各所に上水を供給するためのタンク。受水タンクから揚水して貯水し、重力を利用して配水する。高架水槽ともいう。

冷却塔《れいきゃくとう》

室内の空気を冷やすことで温まった冷却水を再び冷やすための熱交換装置。

空調機《くうちょうき》の屋外機《おくがいき》

個別の業務室等に採用されるパッケージ形空調機の屋外に設置する機器。

冷温水配管《れいおんすいはいかん》

空調用で夏季は冷水、冬季は温水を供給するための配管。熱損失防止や結露防止のために保温材が巻かれている。

設備架台《せつびかだい》

設備機器を設置するための架台。

煙突《えんとつ》

ボイラー、発電機などから発生する燃焼ガスを排出するための筒状の構築物。

太陽光発電装置《たいようこうはつでんそうち》

太陽光エネルギーによる発電装置で太陽電池とパワーコンディショナーなどにより構成される。

屋外階段《おくがいかいだん》（鉄筋《てっきん》コンクリート造）

屋外階段《おくがいかいだん》（鉄骨造《てっこつぞう》）

屋外に設けた階段。

各部の名称

2．屋根・屋上

（3）屋上周りの各部

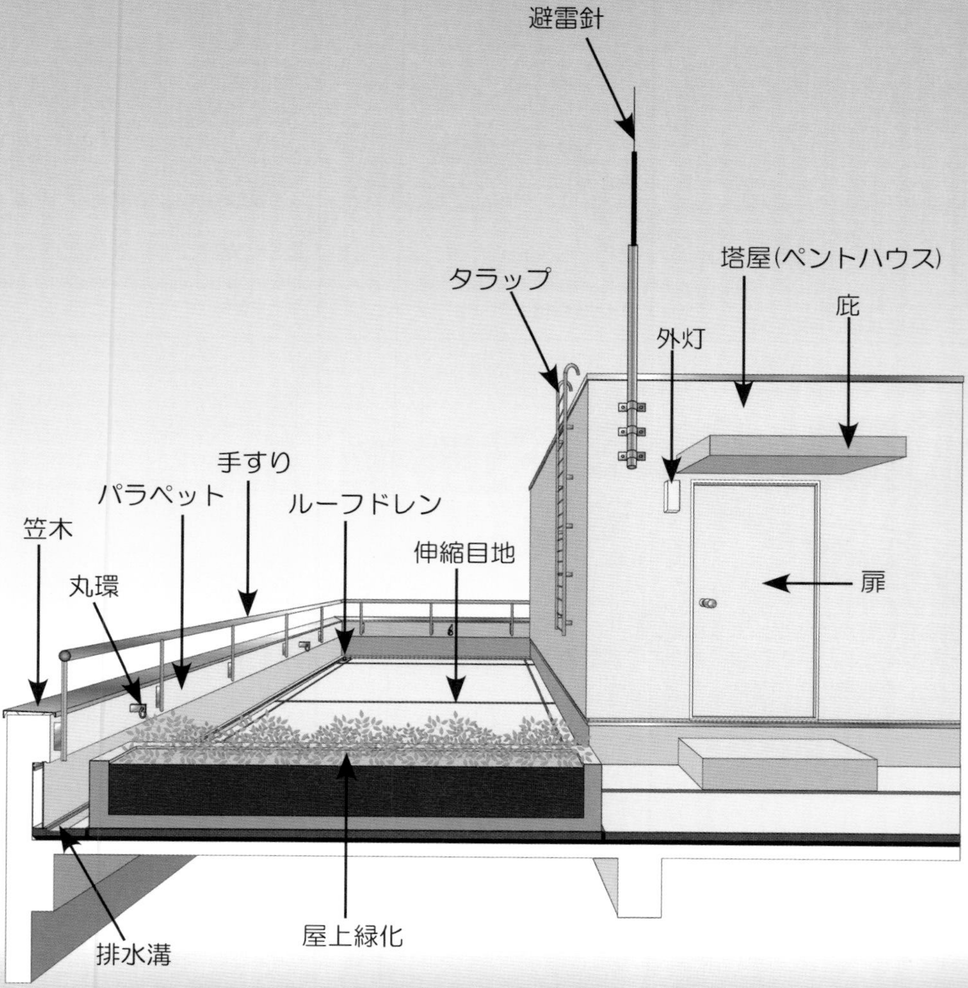

各部の名称
2. 屋根・屋上
(3) 屋上周りの各部

パラペット	笠木《かさぎ》(モルタル)	笠木《かさぎ》(金属製《きんぞくせい》)

屋上において、防水層の端部の納まりのために設けた低い壁。	雨水の浸入を防ぐためにパラペットの上部にモルタルを塗り付けたもの。	雨水の浸入を防ぐためにパラペットの上部に取り付ける金属部材。
丸環《まるかん》	排水溝《はいすいこう》	ルーフドレン
		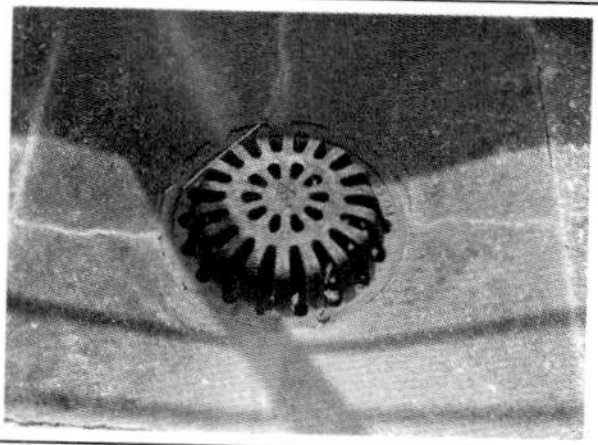
外壁の清掃、点検等の作業の際、ゴンドラ等を吊るために用いられる環状の金具。	排水を流す目的で設けられた溝。	雨水に伴って入ってくる土砂、塵芥、木の葉などの管への流入を防ぐ為、屋根面に設ける雨水用の排水金物。
塔屋《とうや》(ペントハウス)	タラップ	屋上緑化《おくじょうりょくか》

エレベーター機械室などに使用される、屋上に設ける建屋。ペントハウスともいう。	昇降のために取り付けた金属製のはしご。	建築物の屋上に設ける植栽。

各部の名称

3. 外壁周り

（1）外壁周りの各部

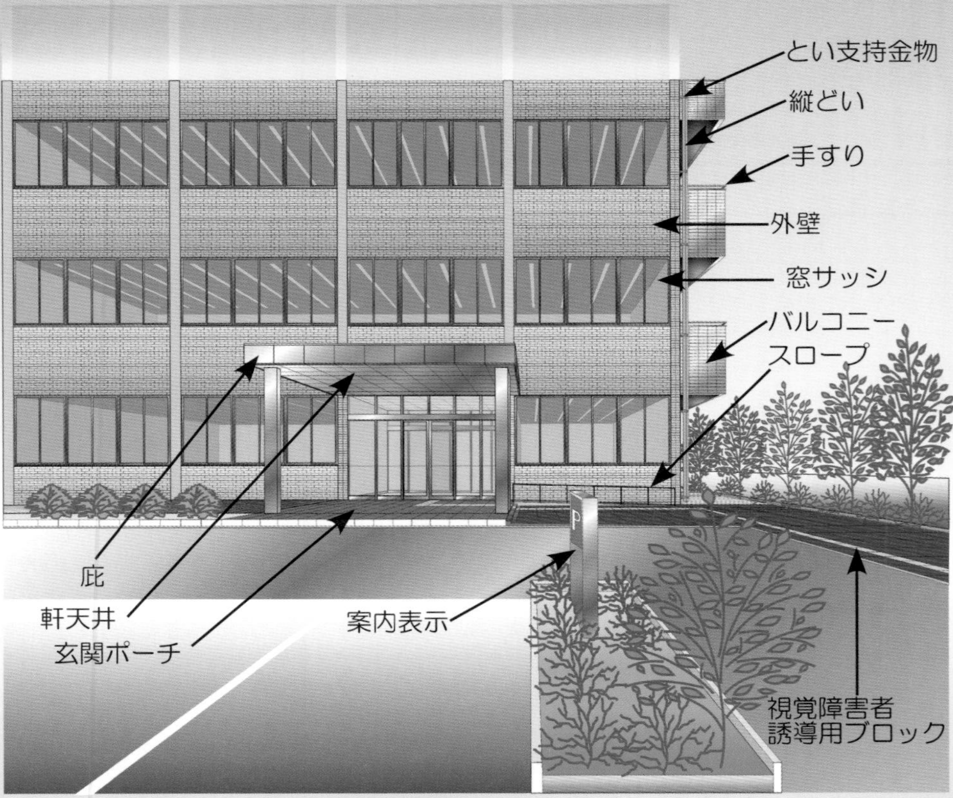

各部の名称
3．外壁周り
（1）外壁周りの各部

玄関《げんかん》ポーチ

玄関前に設けられたひさし等の下になる部分。

庇《ひさし》

出入口や窓の上に設ける日除け、雨除けの小さい屋根。

スロープ

勾配のある通路。車いす利用者などのために設けることも多い。

縦《たて》どい

鉛直方向のとい。

ベランダ・バルコニー

建築物の外壁から突出した室内生活の延長として利用できる屋外の床。屋根があるものをベランダ、屋根がないものをバルコニーという。

手《て》すり

バルコニーや階段などの高欄、腰壁、側柵。

エキスパンションジョイント

建築物の構造体が分割された部分に設ける接合部で、写真はその金物を示す。左の写真が外壁面の例、中央の写真が内部の床・壁の例、右の写真が天井の例。

各部の名称

3．外壁周り

（1）外壁周りの各部

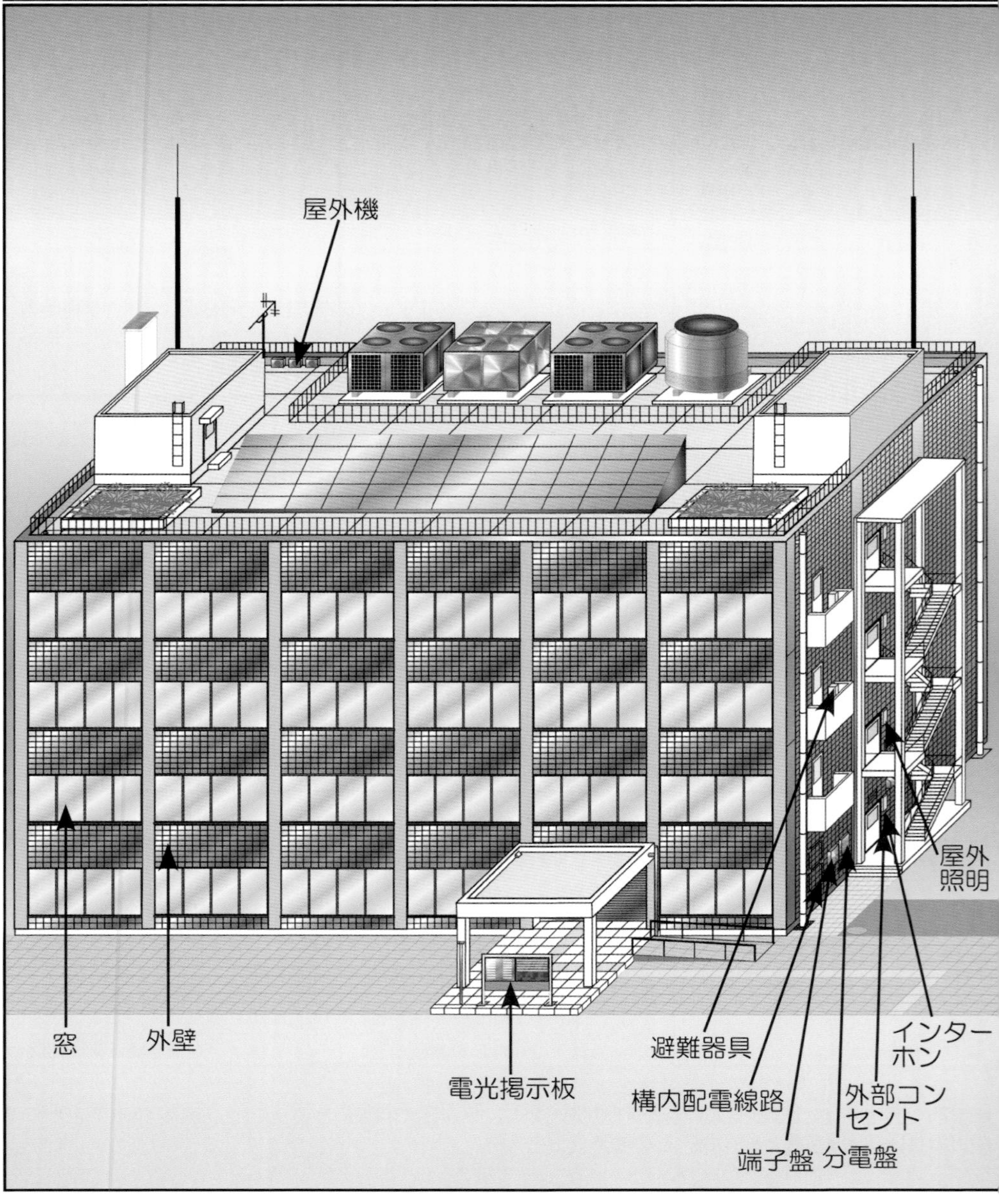

各部の名称
3. 外壁周り
（1）外壁周りの各部

外部《がいぶ》コンセント

屋外に設ける防雨仕様のコンセント。

インターホン

来訪者との通話のための設備。

空調機《くうちょうき》の屋外機《おくがいき》

個別の業務室等に採用されるパッケージ形空調機の屋外に設置する機器。

屋外照明《おくがいしょうめい》

屋根や天井のない開かれた場所に取付ける照明。

受変電設備《じゅへんでんせつび》（屋外型《おくがいがた》）

電気事業者からの電気の供給を照明器具等で使用する100Vや200Vの電圧に降圧し、安全に電気を供給するための機器。

分電盤《ぶんでんばん》

幹線と分岐回路との分岐点に設けて遮断路（ブレーカー）やスイッチなどを収容したもの。

避難器具《ひなんきぐ》

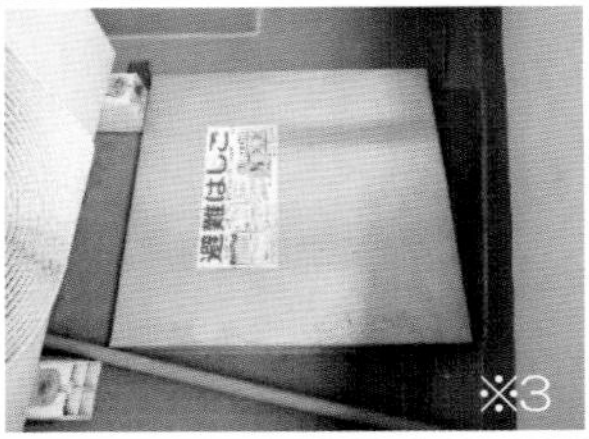

防火対象物等の避難経路が火災等で使用できない場合に設置階から避難階まで避難できるよう補完的に使用するもの。

構内配電線路《こうないはいでんせんろ》

敷地内の設備機器等をつなぐ電線配管の経路。

懸垂幕《けんすいまく》

広告や標語などを印刷した垂れ幕を、建物の外壁などに下げるための装置（金物）。

各部の名称
3. 外壁周り
（1）外壁周りの各部

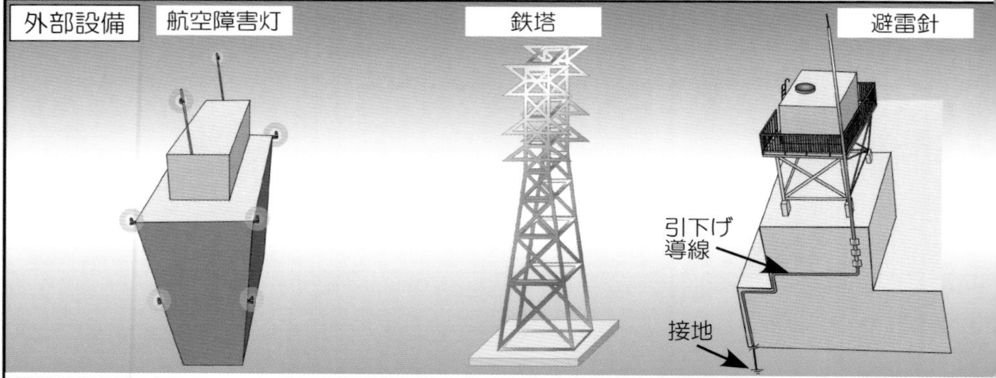

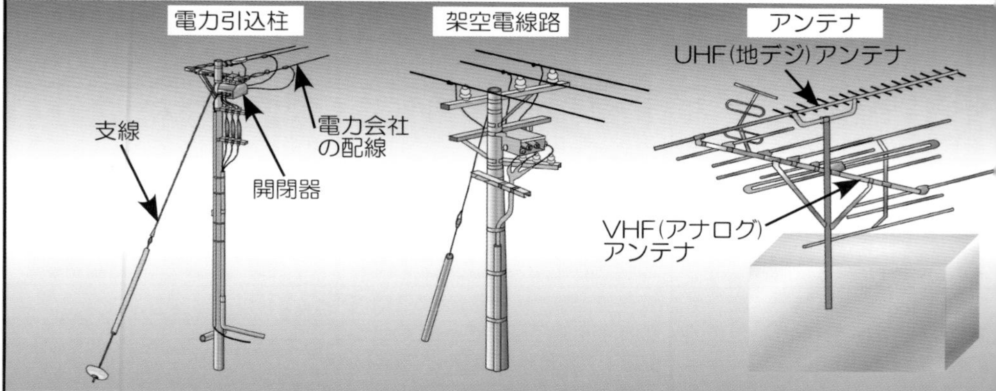

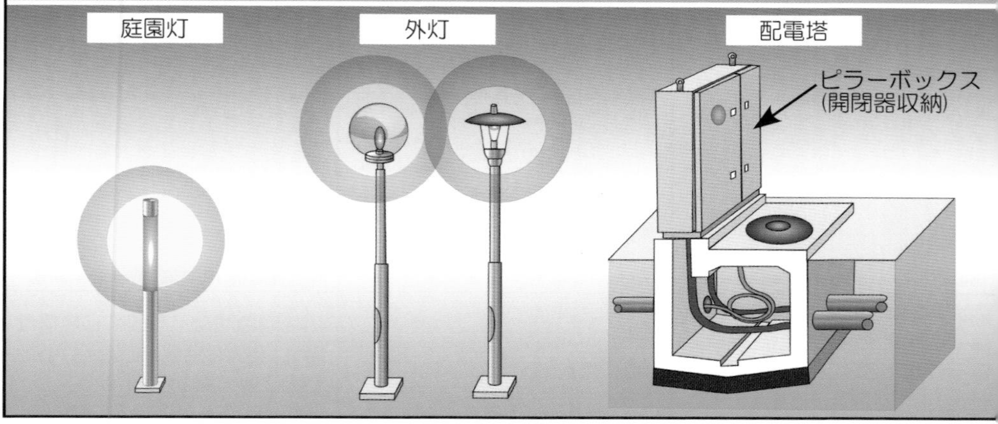

各部の名称

3. 外壁周り

（1）外壁周りの各部

航空障害灯《こうくうしょうがいとう》	鉄塔《てっとう》	避雷針《ひらいしん》

高い建築物などの存在を知らせるために設置する灯火。建築物では主に赤色点滅灯が使用される。	鉄骨で組まれた塔。通信用、計測用機器等が設置される。	落雷の大電流を直接大地に導くことで被害を防止するために建築物の最高部に設ける突針状の導体。
電力引込柱《でんりょくひきこみちゅう》	テレビアンテナ	避雷導体《ひらいどうたい》

電力を引込む際に敷地内に設ける電柱。	テレビ放送の電波を受信するための設備。	避雷針と同様の目的のために、建築物の最高部のパラペット等の上に這わせて設ける導体。
庭園灯《ていえんとう》	配電塔《はいでんとう》	灯油《とうゆ》タンク

屋外に設ける照明のひとつで庭園に設置するもの。	電力会社の高圧地中配線路から需要家へ引込線を分岐するための開閉器を収納するキャビネット。（ピラーボックス）	灯油等を貯蔵するためのタンク。

各部の名称
3. 外壁周り
(2) 外壁仕上材

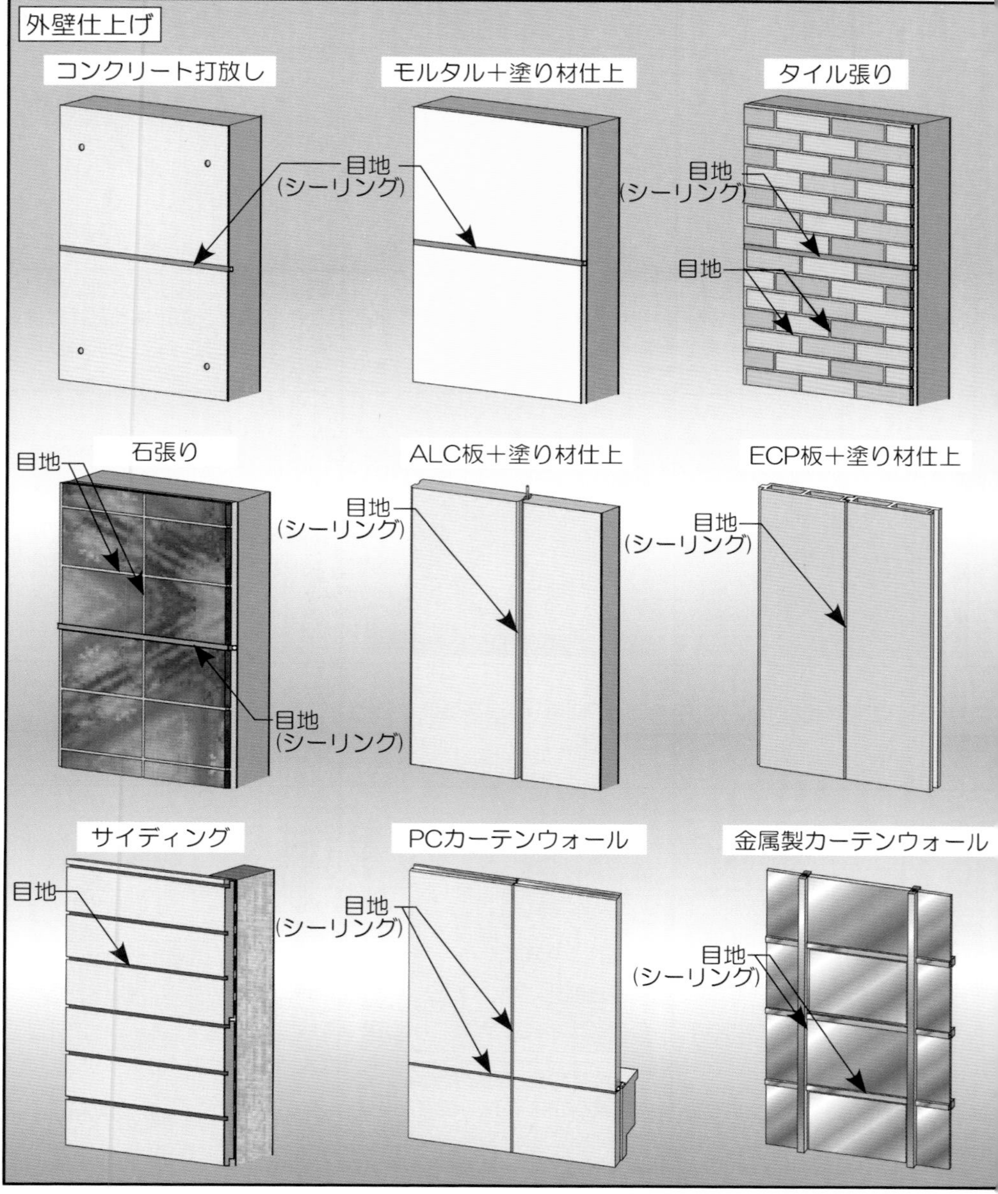

各部の名称
3. 外壁周り
（2）外壁仕上材

コンクリート打放《うちはな》し	モルタル＋塗《ぬ》り材仕上《しあげ》	タイル張《ば》り
	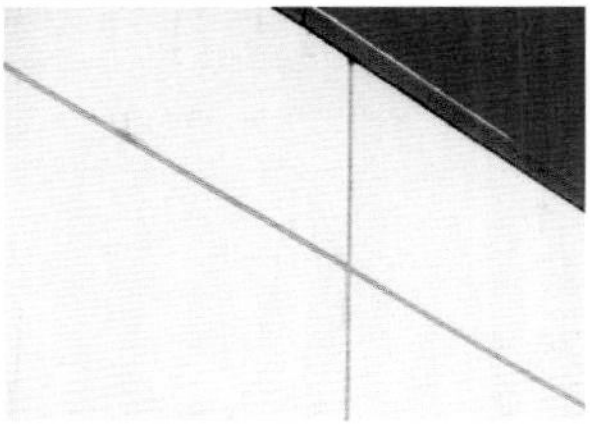	
コンクリート表面を仕上材料で覆わず、型枠を外した面をそのまま仕上げ面とする仕上げ。	モルタル塗り仕上の上にセメントや合成樹脂などを吹き付けた仕上げ。	タイルをモルタルやセメントペースト、接着剤を用いて張り付けた仕上げ。
石張《いしば》り	ALC板《ばん》＋塗《ぬ》り材仕上《しあげ》	ECP板《ばん》＋塗《ぬ》り材仕上《しあげ》

天然石を湿式又は乾式で張り付ける仕上げ。	ALC 板（軽量気泡コンクリート板）の上にセメントや合成樹脂などを吹き付けた仕上げ。	ECP 板（押出成形セメント板）の上にセメントや合成樹脂等を吹き付けた仕上げ。
サイディング	カーテンウォール	シーリング

建築物の外壁に使用するパネル。	主として建築物の外装に用いられる非耐力部材のパネルで、プレキャストコンクリート製や金属製がある。	目地部分に水密や気密のための材料を充填したもの。

各部の名称

4. 建具

（1）扉

扉の種類

片開き扉

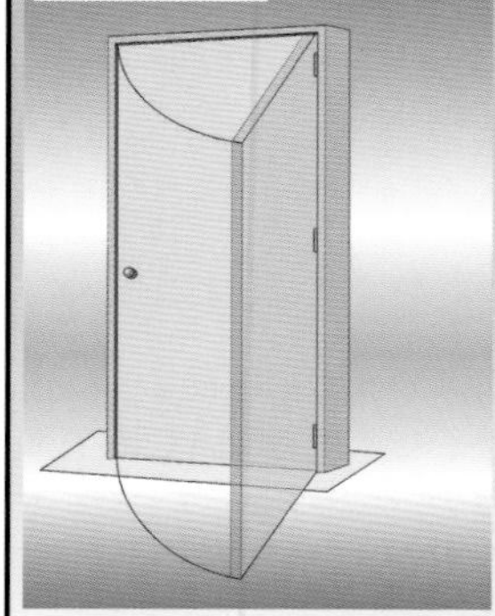

親子扉

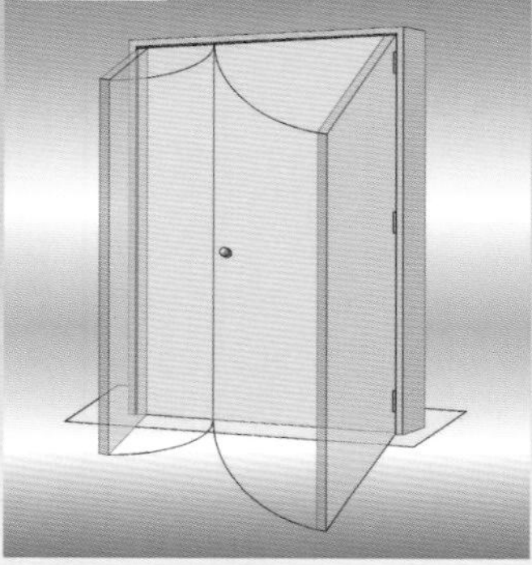

両開き扉

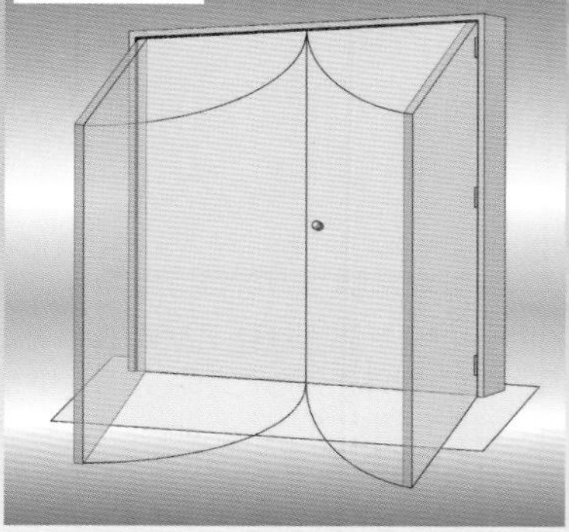

引違い戸

片引き戸

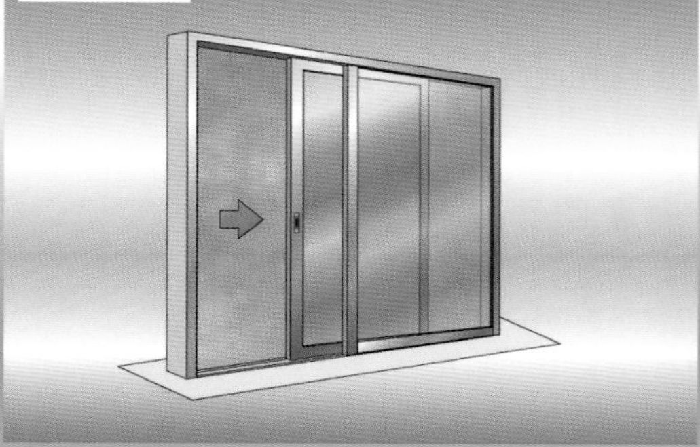

引き分け戸

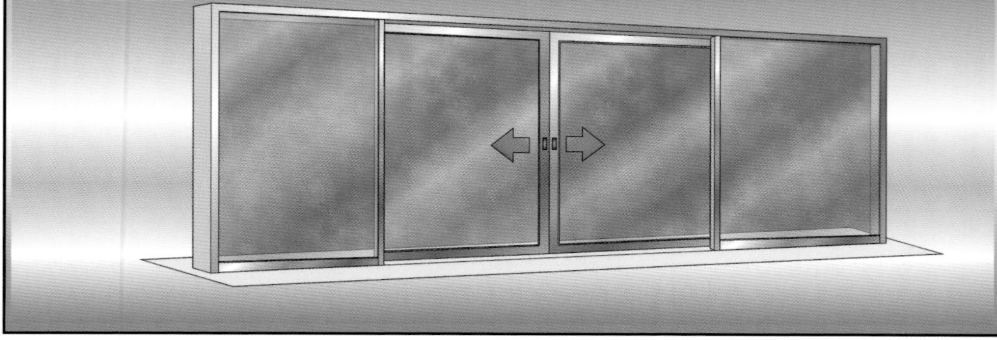

各部の名称

4. 建具

（1）扉

片開《かたびら》き扉《とびら》（スチール製《せい》）	片開《かたびら》き扉《とびら》（アルミ製《せい》）	片開《かたびら》き扉《とびら》（ステンレス製《せい》）
	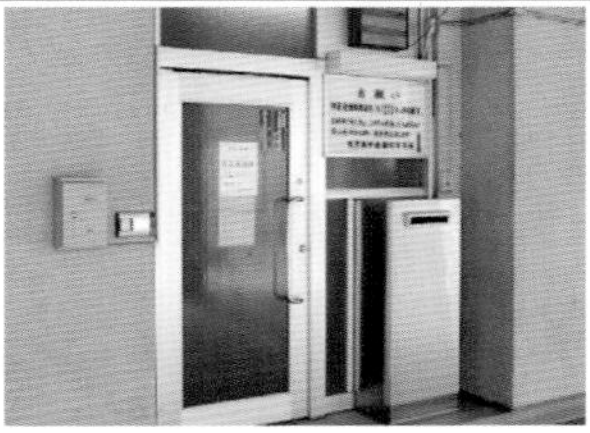	
片開き形式の戸。	片開き形式の戸。	片開き形式の戸。
親子扉《おやことびら》	**両開《りょうびら》き扉《とびら》**	**引違《ひきちが》い戸《と》**

2枚のドア幅が大小異なる両開き扉。	両開きの開閉方式の戸。	2枚以上の戸が2筋以上の溝またはレール上を水平移動して開閉する方式。
片《かた》引《び》き戸《と》	**引《ひ》き分《わ》け戸《と》**	**回転扉《かいてんとびら》**

片引き形式の戸。引き戸で戸が 1枚のもの。	開口にある2枚の戸を1本溝またはレールに沿って左右に開く開閉方式の戸。	中央の垂直軸の周囲に取り付けた扉を、一定方向に回転させる方式の扉。省エネルギー効果が高い。

各部の名称
4. 建具
(2) 窓

窓の種類

引違い窓

片引き窓

はめ殺し窓

内倒し窓

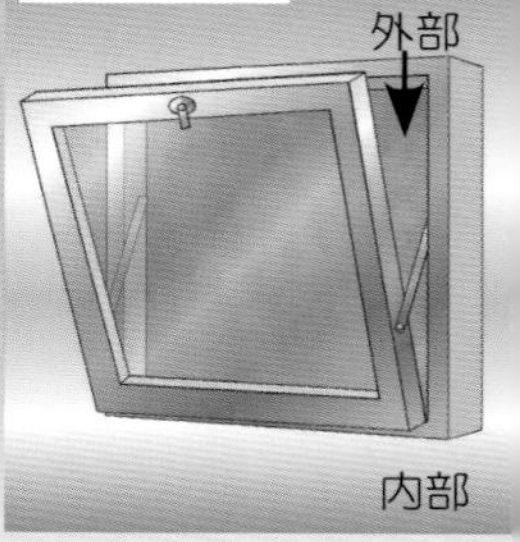

外倒し窓

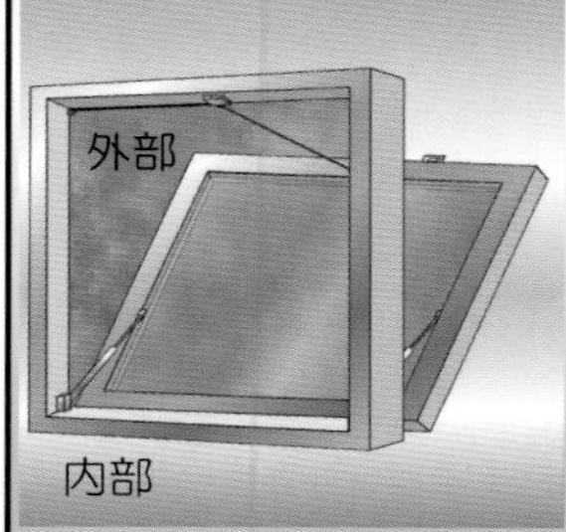

片開き窓

滑り出し窓

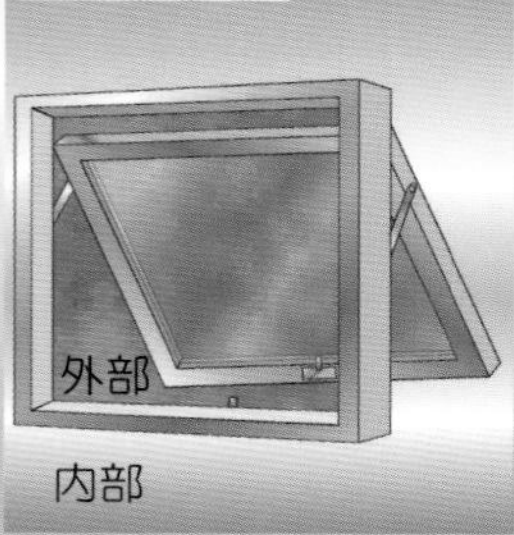

突き出し窓

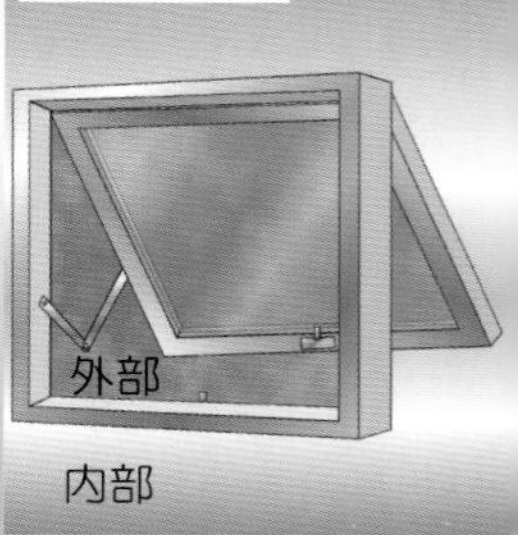

上げ下げ窓

縦軸回転窓

横軸回転窓

両開き窓

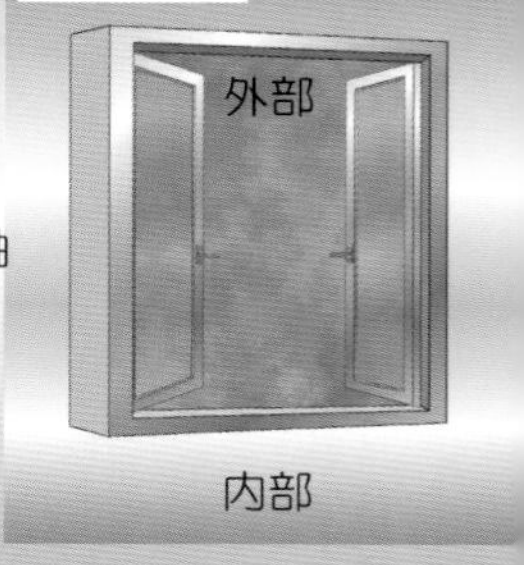

各部の名称

4. 建具

(2) 窓

引違《ひきちが》い窓《まど》	はめ殺《ごろ》し窓《まど》	内倒《うちだお》し窓《まど》

引違い方式の窓。	枠に直接ガラスなどを固定して開閉できないようにした窓。FIX 窓ともいう。	戸の下端を水平回転軸として部屋の内側に戸を倒して開く開閉方式の窓。
外倒《そとだお》し窓《まど》	片開《かたびら》き窓《まど》	滑《すべ》り出《だ》し窓《まど》

戸の下端に水平の丁番があり、外側に窓を倒して開く開閉方式の窓。排煙窓等に用いられる。	片開き形式の窓。	開閉方式が滑り出しによる窓。
突《つ》き出《だ》し窓《まど》	縦軸回転窓《たてじくかいてんまど》	横軸回転窓《よこじくかいてんまど》

戸の上端を水平回転軸とし、屋外に向かって開く建具を用いた窓。	回転戸の開閉方式のうち回転軸が垂直の窓。	回転戸の開閉方式のうち回転軸が水平の窓。

各部の名称
4. 建具
（3）扉・窓の金物、自動扉

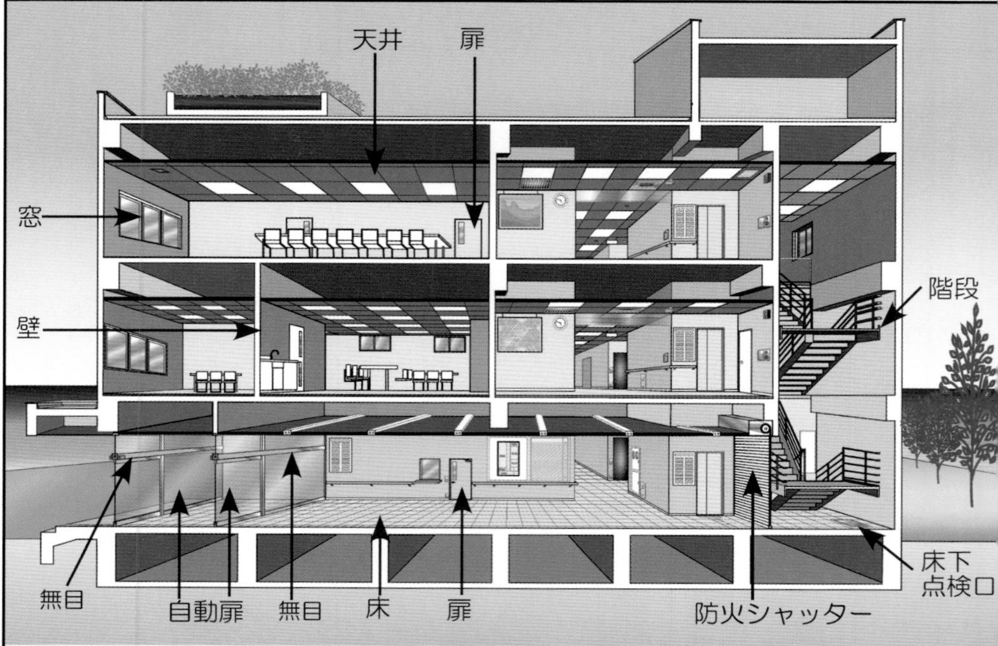

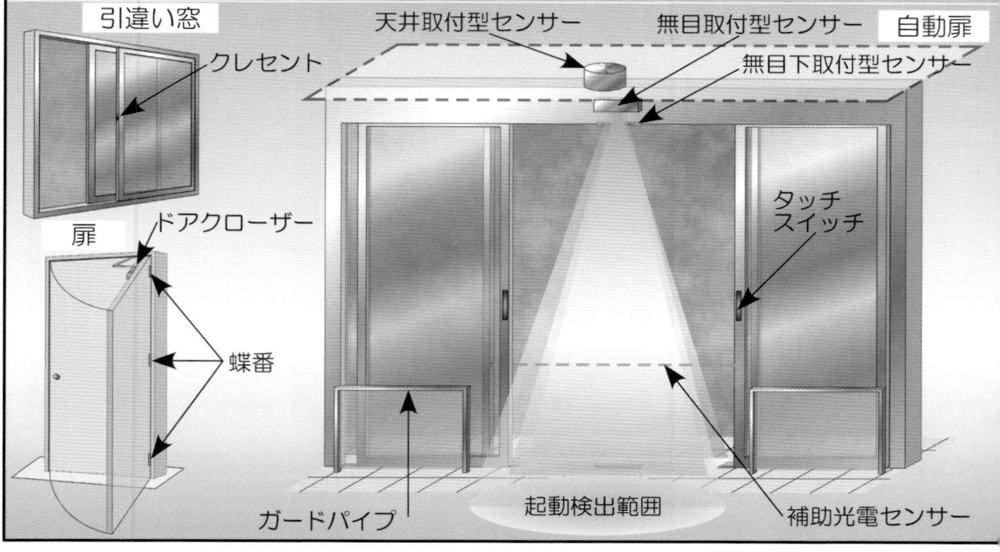

各部の名称
4. 建具
（3）扉・窓の金物、自動扉

クレセント

引き違いサッシなどの内側に取り付ける締め金具。

蝶番《ちょうばん》

開き戸、開き窓などの開閉の軸となる金物。

ドアクローザー

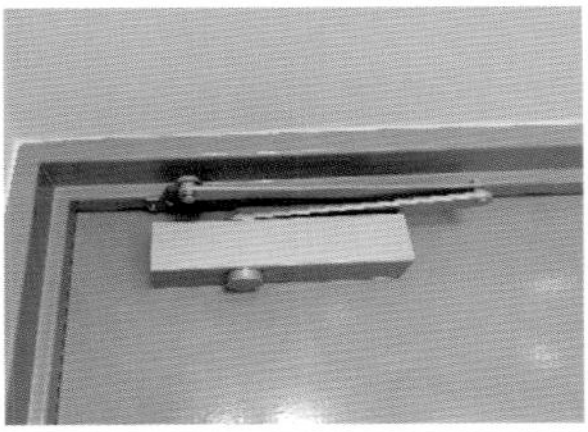

開かれた扉を自動的に速度を調整して静かに閉める装置。

自動扉《じどうとびら》

人や物の近づくのを光センサーなどで感知し、機械力によって開閉を行う扉。

ガードパイプ

自動扉への人などの巻込み防止処置。

タッチスイッチ

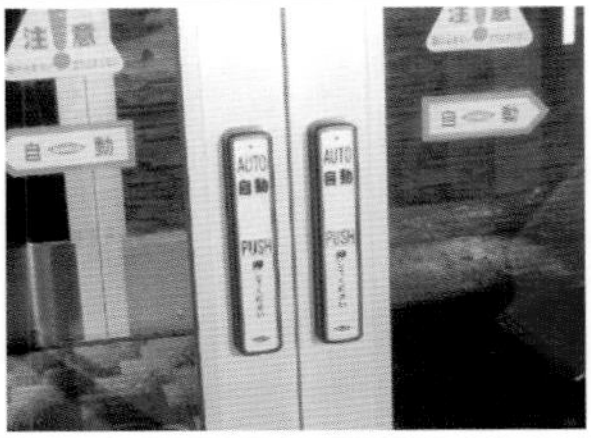

自動扉の開閉のために設けるスイッチ。

天井取付型《てんじょうとりつけがた》センサー

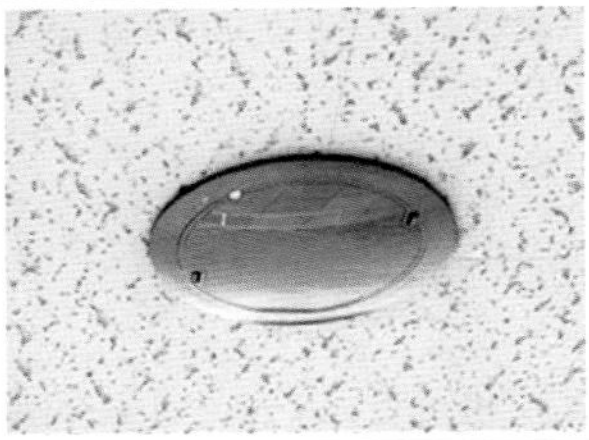

自動扉の開閉のために設ける感知装置。

無目《むめ》取付型《とりつけがた》センサー

自動扉の開閉のために設ける感知装置。感知装置は無目に取付けることが多い。

補助光電《ほじょこうでん》センサー

自動扉の開閉のために設ける感知装置。

各部の名称

5. 建築物内部

（1）天井、壁、懸垂物

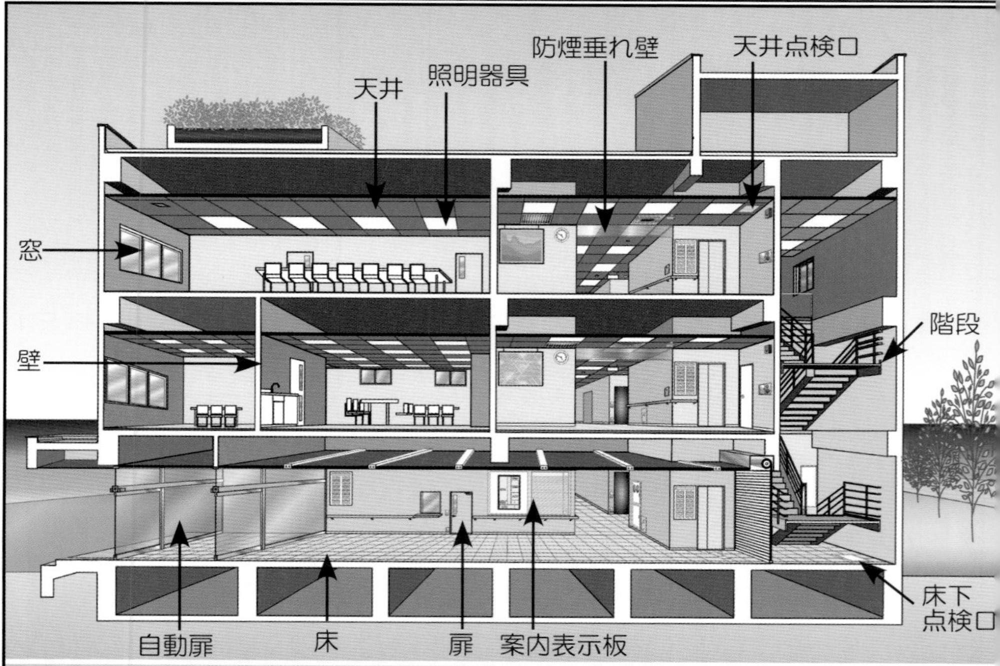

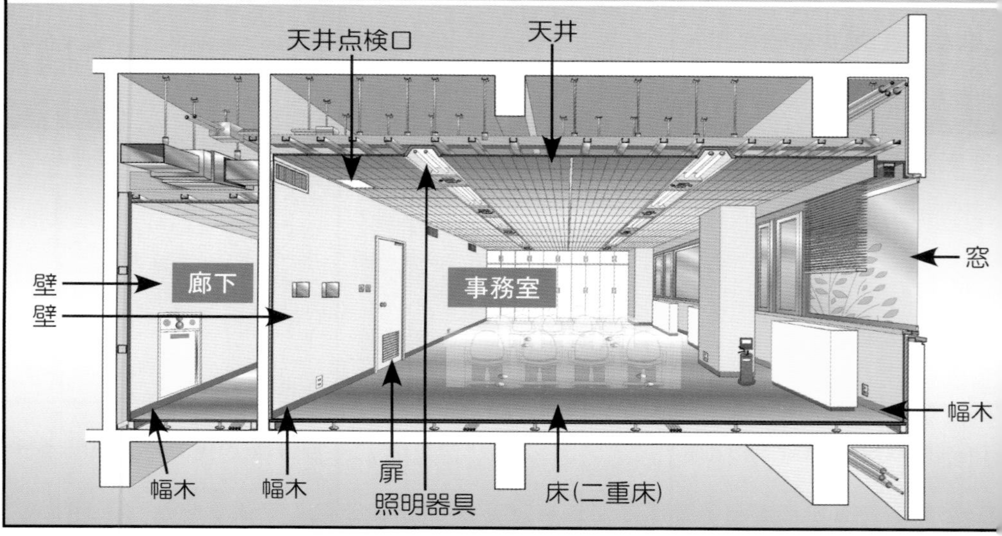

各部の名称

5. 建築物内部

（1）天井、壁、懸垂物

天井《てんじょう》

化粧、防塵等のために室内空間の上部に設ける面。

天井点検口《てんじょうてんけんこう》

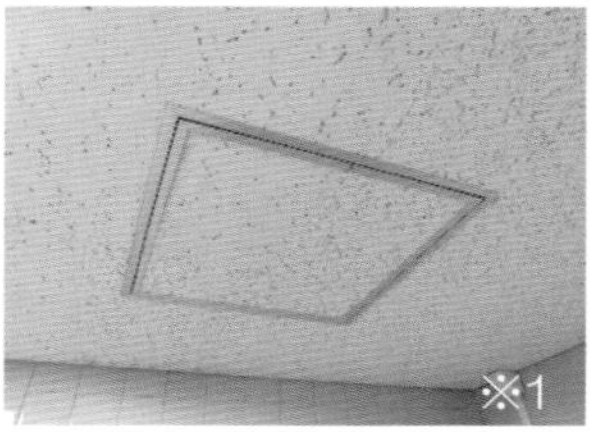

天井内などに隠蔽された設備機器や配管などの修理や点検のために設ける開口。

案内表示板《あんないひょうじばん》

部屋の所在などを示すもの。サインともいう。

防煙垂《ぼうえんた》れ壁《かべ》（固定式《こていしき》）

火災時の煙の流動を防ぐ目的で天井から 50 ㎝以上下方に突出した垂れ壁。

パーテーション

建築物内の内部を仕切る壁。簡易的な固定間仕切をいうことが多い。

落下防止対策《らっかぼうしたいさく》

地震時等に懸垂物の落下を防ぐもの。

防煙垂《ぼうえんた》れ壁《かべ》（可動式《かどうしき》）

火災時等に感知器からの信号を受け、煙の流動を防ぐ目的で天井から可動する垂れ壁。

可動間仕切《かどうまじきり》

会議室等を使い方に応じて仕切ることができるように可動式になっている間仕切り壁。

幅木《はばき》

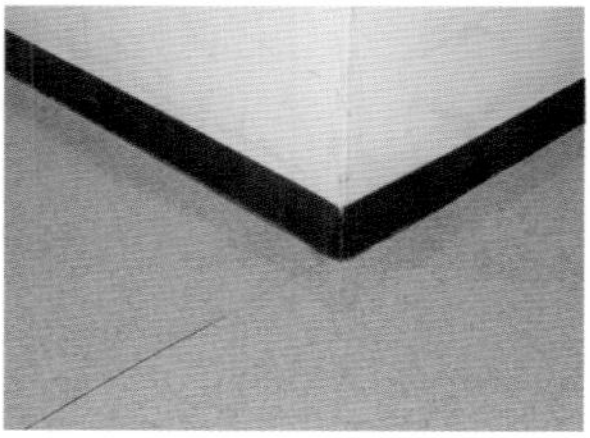

壁の最下部で床に接する箇所に設ける横材。

各部の名称

5. 建築物内部

(2) 床

居室(事務室)

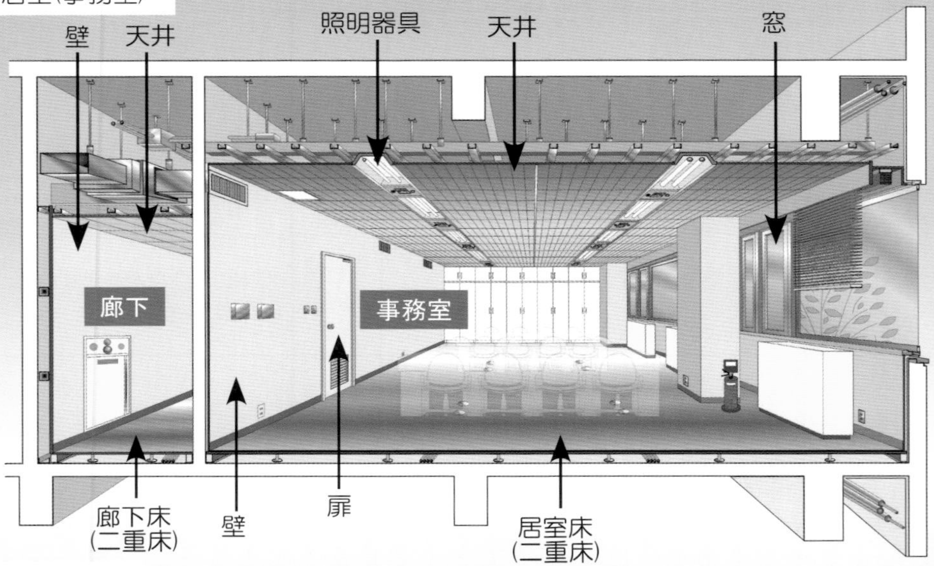

玄関ホール

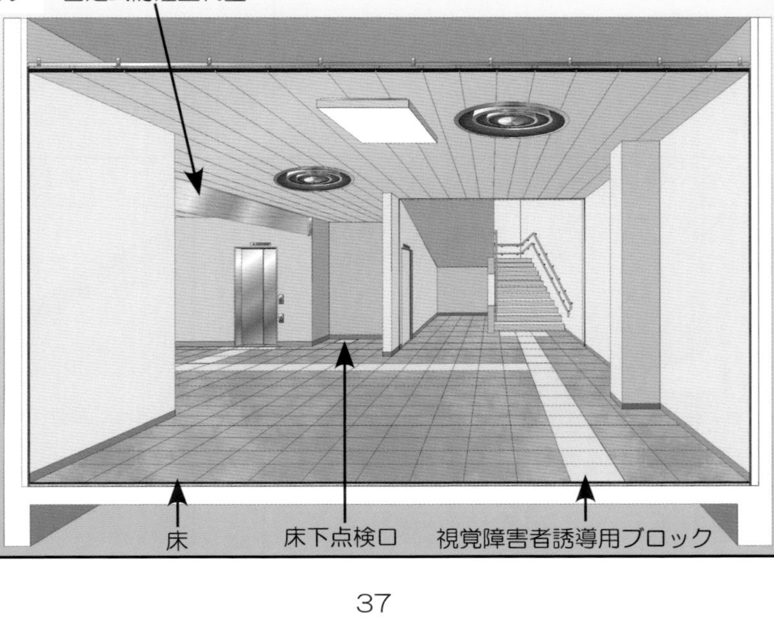

各部の名称
5. 建築物内部
（2）床

床《ゆか》（タイルカーペット）	二重床《にじゅうゆか》	床下点検口《ゆかしたてんけんこう》

40~50 ㎝角程度に切断されたカーペット。タイル同様に敷き詰めて貼り付ける。	配線、配管などのために床板を二重に張った床。専ら OA 配線のための二重床を OA フロアともいう。	床下に隠蔽された設備機器や配管などの修理や点検のために設ける開口。改め口ともいう。

ビニル床《ゆか》シート	ビニル床《ゆか》タイル	タイル

塩化ビニル樹脂を主成分とするシート状の床材料。長尺シートともいう。	塩化ビニル樹脂を主成分とする多くは 30 ㎝角程度の床材料。タイル同様に敷き詰めて貼り付ける。	張り付けて使用する小片状の薄板の総称。通常陶磁器製品をいう。

カーペット	視覚障害者誘導用《しかくしょうがいしゃゆうどうよう》ブロック		
		誘導ブロック（線状ブロック）	警告ブロック（点状ブロック）

羊毛、木綿、黄麻糸などで織られた厚手で大型な床仕上げ材料としての繊維製品の総称。絨緞ともいう。	視覚障害者の歩行を支援する凹凸のついた黄色などに着色されたタイル等の床材料。	進む方向を示すブロック。	危険箇所や停止位置を示すブロック。

各部の名称

5. 建築物内部

（3）室内の各種設備

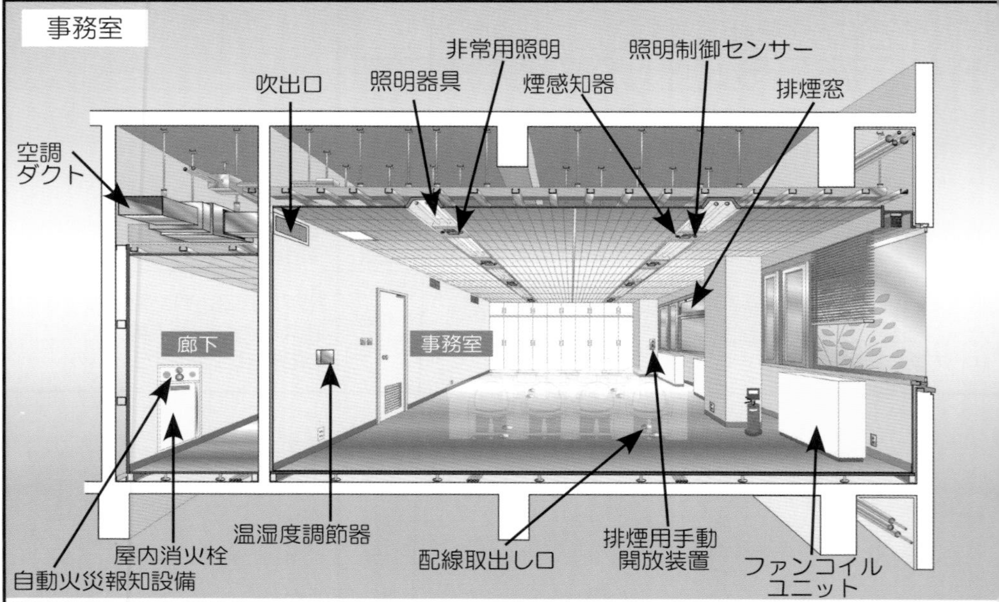

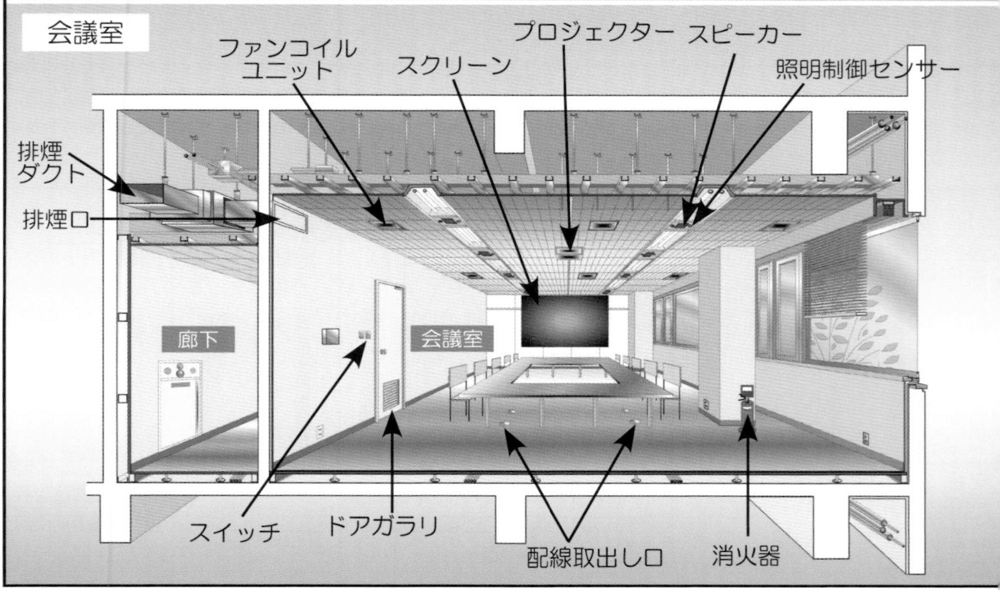

各部の名称
5. 建築物内部
（3）室内の各種設備

照明制御《しょうめいせいぎょ》センサー

人感《じんかん》センサー	昼光《ちゅうこう》センサー
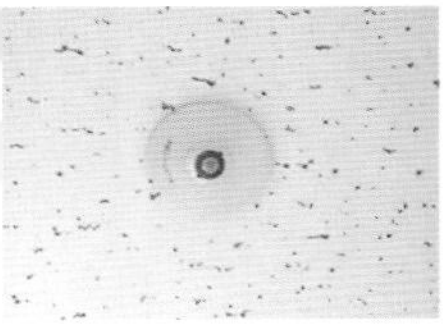	

センサーにより、人の動きや外光の状況を検知して、照明の明るさを調整する設備。

コンセント

一般用	発電機用

発電機用コンセントは、停電時に自家発電装置から電気を供給するコンセントで、タイプは数種類あるが、いずれもどこかが赤色となっている。

スイッチ（タンブラ）

照明や換気扇の入切をするスイッチ。

制気口《せいきこう》（天井吹出口《てんじょうふきだしぐち》）

アネモ形	パン形	ライン形
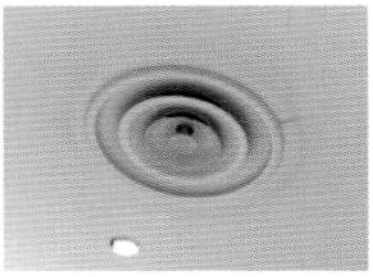	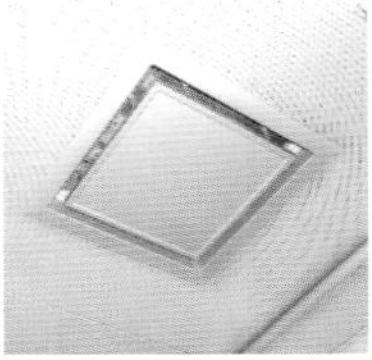	

天井に取付ける吹出し口。 アネモ形、パン形、ライン形等の形状がある。

ファンコイルユニット（床置《ゆかおき》）

建築物内に循環させた冷水（夏季）又は温水（冬季）を使って室内を冷房又は暖房できる機器。

温湿度調節器《おんしつどちょうせつき》

室内の温度や湿度を検出し、空調機や加湿器等に信号を送り、これらを制御する機器。

ドアガラリ

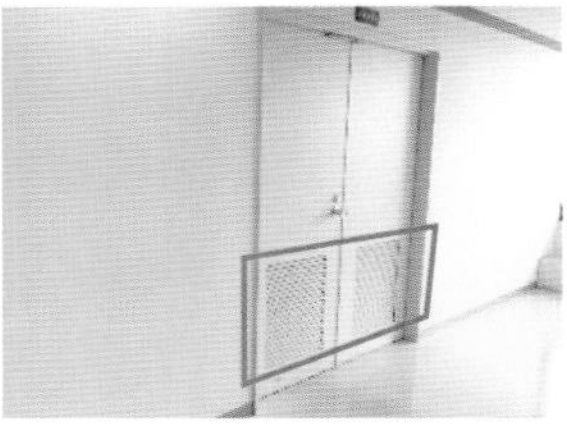

給排気などの目的で扉に取付けられた羽板開口部。扉の下部に隙間を設ける方法もある。

各部の名称

5. 建築物内部

（4）防火設備、防火区画

事務室

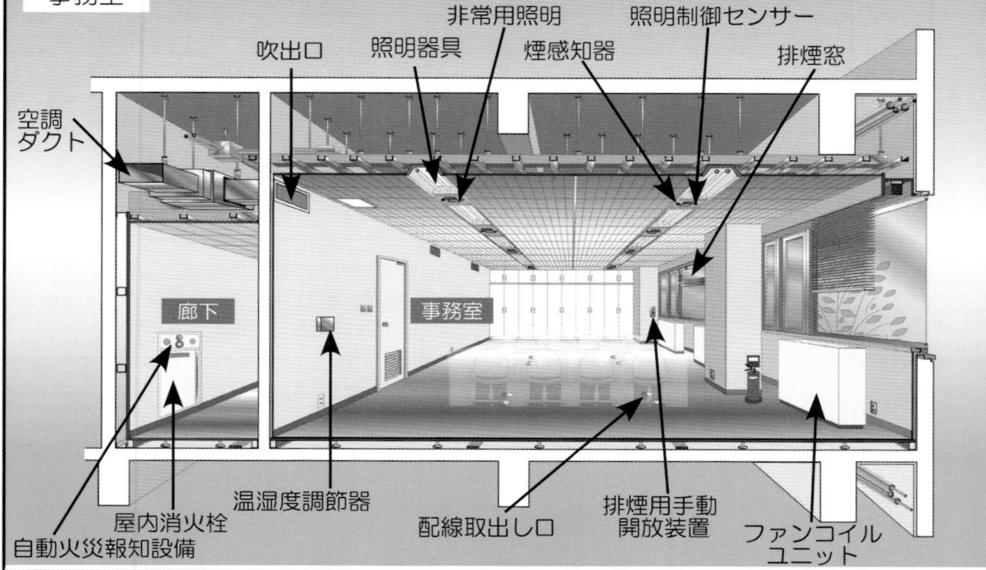

玄関ホール

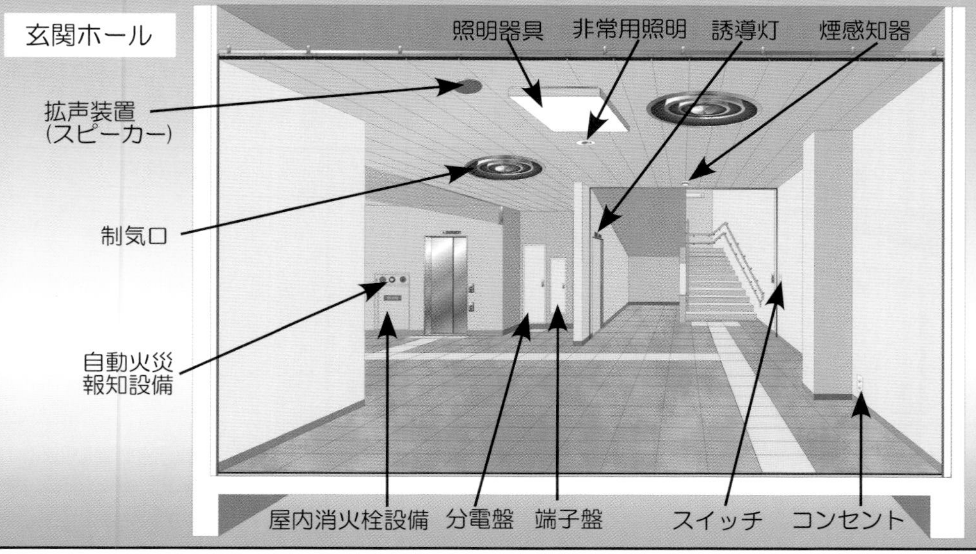

各部の名称
5. 建築物内部
（4）防火設備、防火区画

非常用照明《ひじょうようしょうめい》

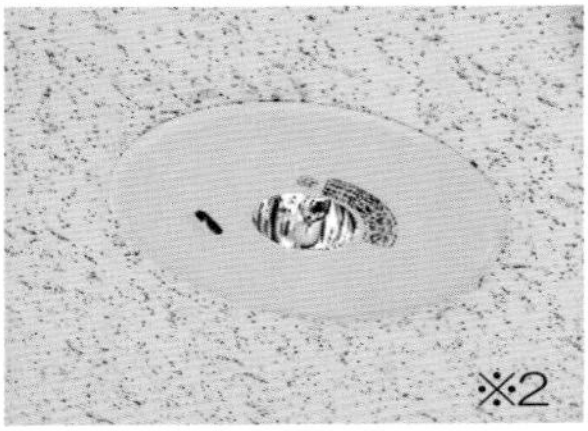

火災時等に安全な避難を図るため、商用電源が停止した際に点灯する予備電源を設けた照明器具。

誘導灯《ゆうどうとう》（蛍光灯《けいこうとう》タイプ）

誘導灯《ゆうどうとう》（LEDタイプ）

避難を容易にするために避難口や避難方向を示す灯。

自動火災報知設備《じどうかさいほうちせつび》

火災発生による煙又は熱を自動的に検出し、火災発生を報知する警報設備。

屋内消火栓設備《おくないしょうかせんせつび》

火災に対し、消火栓箱に収められた放水用具を用いて、初期の消火活動を行う一般的な消火設備。

排煙窓《はいえんまど》

火災時に発生した煙を屋外に排出するために外壁面に設ける、手動で開放できる窓。

排煙用手動開放装置《はいえんようしゅどうかいほうそうち》

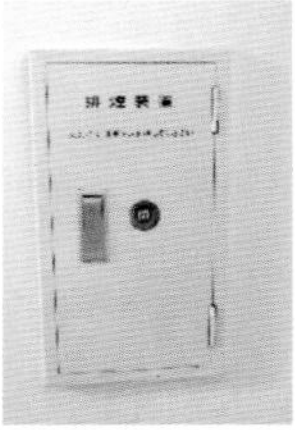

排煙窓を手動で開放する際に使用する操作器（排煙用オペレーターともいう。）。

排煙口《はいえんこう》

排煙口	手動開放引手
	 ※2

火災時に発生した煙を屋外に排出するため天井面あるいは壁面上部に取付けられる開口部。自動又は手動で開放される。

各部の名称

5. 建築物内部

（4）防火設備、防火区画

防火区画

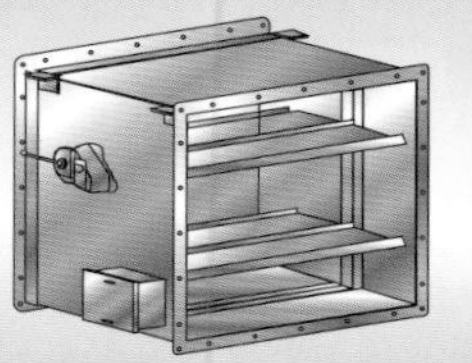

防《ぼう》火《か》ダンパー

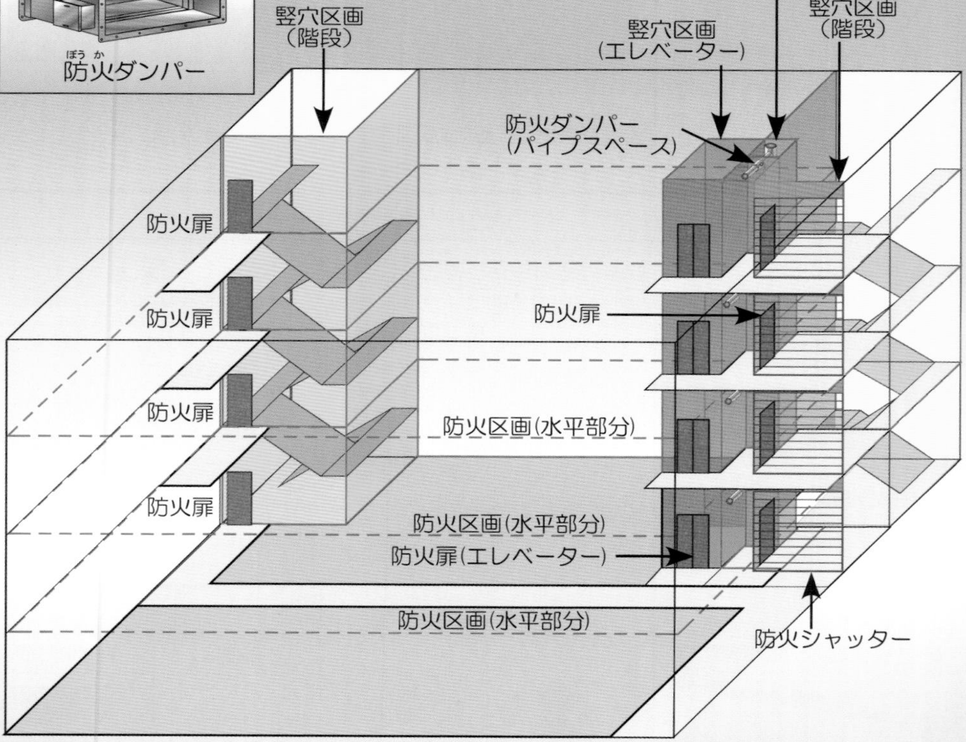

防火区画の種類

- 面積区画：対象施設により、区画面積が異なる。（500㎡、1000㎡、1500㎡）
  スプリンクラー設備により、1/2を区画面積から除外できる。
- 竪穴区画：地階又は、3階以上の居室のある建築物。
- 高層区画：11階以上の部分が対象。対象施設により、区画面積が異なる。
  （100㎡、200㎡、500㎡）
- 異種用途区画：異なる用途の相互間及び部分を区画する。

各部の名称
5. 建築物内部
（4）防火設備、防火区画

防火扉《ぼうかとびら》（常時閉鎖式《じょうじへいさしき》）	防火扉《ぼうかとびら》（常時開放式《じょうじかいほうしき》）	防火扉《ぼうかとびら》のくぐり戸《ど》
	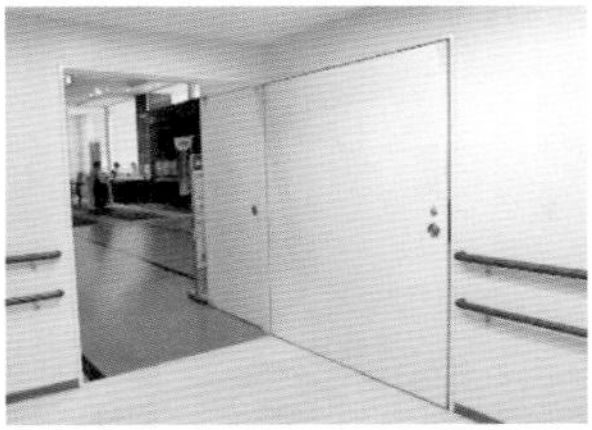	
火災の拡大を防ぐために外壁、内部の防火区画などの開口部に設ける扉で常に閉鎖されているもの。	火災の拡大を防ぐために外壁、内部の防火区画などの開口部に設ける扉で火災を感知すると随時閉鎖するもの。	防火扉が閉鎖した際に人が避難するための開口部として、防火扉に設ける戸。
エレベーター防火扉《ぼうかとびら》	異種用途区画《いしゅようとくかく》	竪穴区画《たてあなくかく》

エレベーターの出入口に設ける防火扉。	一つの建築物に異なる用途の部分が複数混在する場合の防火区画。	建築物内部の階段、吹抜け、ダクトスペース等のように、建築物内部の上下階に連続する空間に用いられる防火区画。
防火《ぼうか》シャッターと防火扉《ぼうかとびら》	吹《ふ》き抜《ぬ》けの防火区画《ぼうかくかく》	エスカレーターの防火区画《ぼうかくかく》

防火シャッターと避難口の防火扉で構成された防火区画。	吹き抜け部分を防火区画する防火シャッターの例。	階段、エスカレーターを防火区画する防火シャッターの例。

各部の名称

5. 建築物内部

（4）防火設備、防火区画

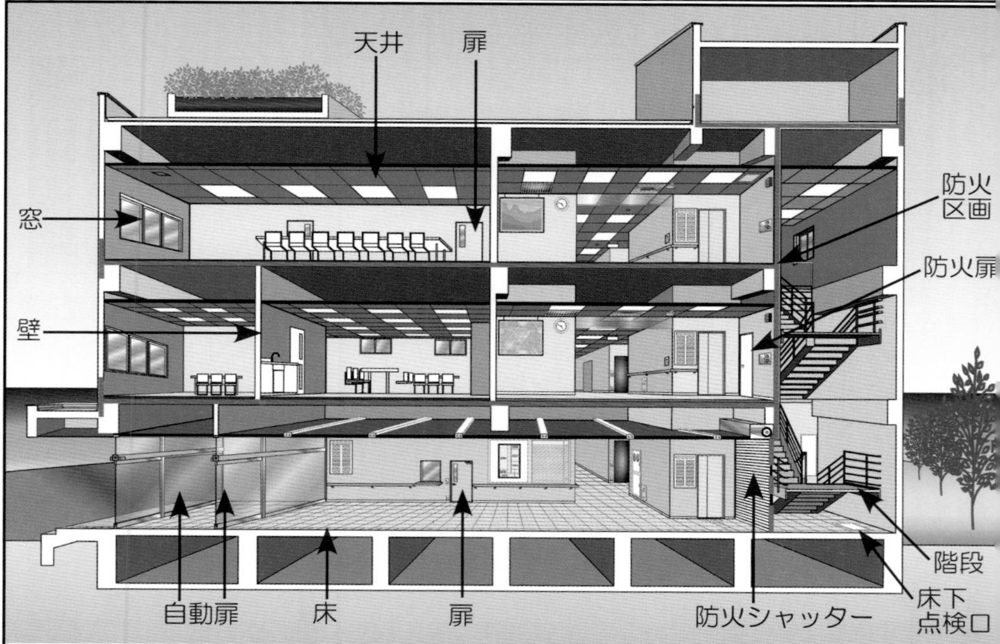

玄関ホール

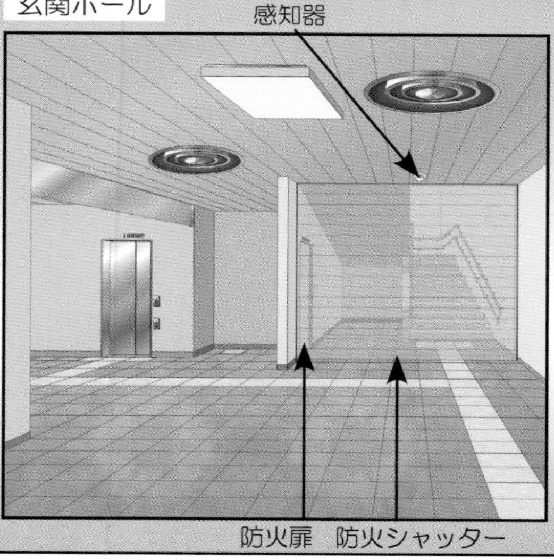

防火シャッター

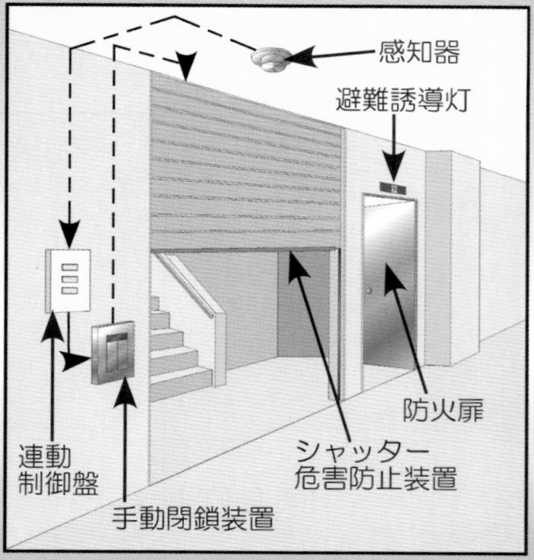

各部の名称
5. 建築物内部
（4）防火設備、防火区画

防火《ぼうか》シャッター

建築物に使用される防火性能を有する鋼製のシャッター。

防火《ぼうか》シャッター（開放時《かいほうじ》）

防火シャッターの開放時の写真。

シャッター危害《きがい》防止《ぼうし》装置《そうち》

防火シャッターによる挟まれ防止の為の安全装置。障害物を感知すると降下を停止する。

煙《けむり》感知器《かんちき》

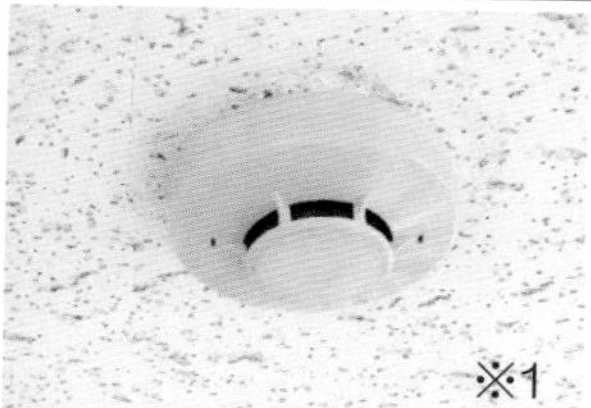

※1

火災の発生を煙により検知する器具。イオン化式感知器と光電式感知器がある。

熱《ねつ》感知器《かんちき》

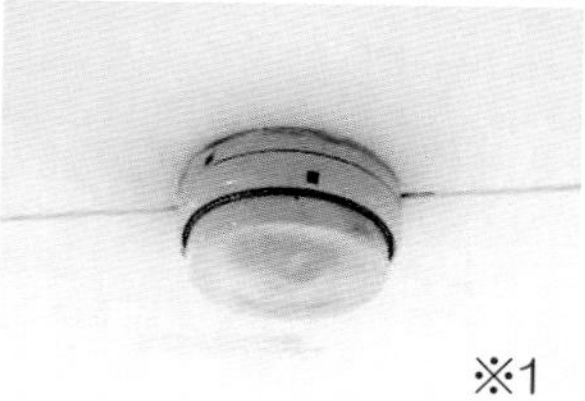

※1

火災により生じる熱を感知し、自動的に火災信号を発する器具。差動式と低温式がある。

手動《しゅどう》閉鎖《へいさ》装置《そうち》

防火シャッターを手動閉鎖する際に使用する操作器。

防火《ぼうか》ダンパー

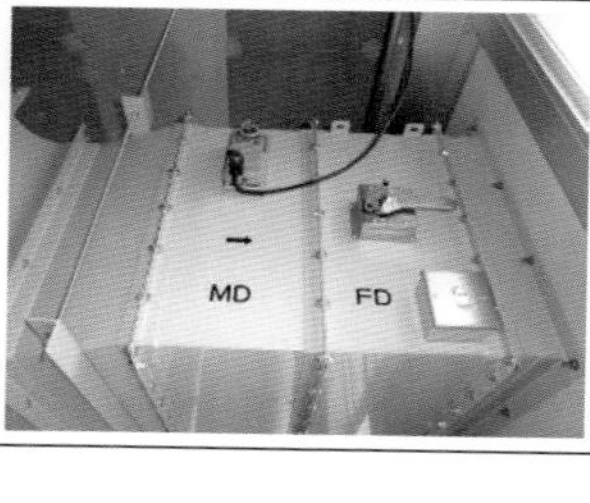

防火《ぼうか》ダンパー

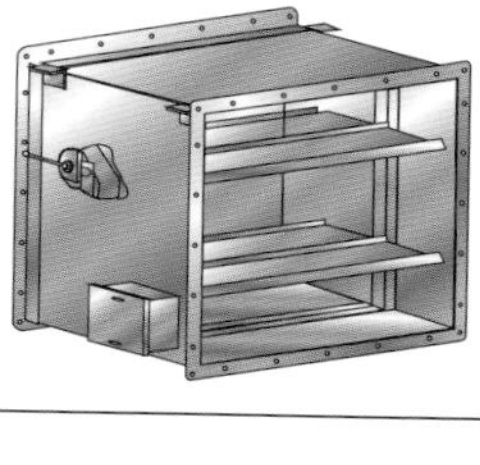

防火《ぼうか》防煙《ぼうえん》ダンパー

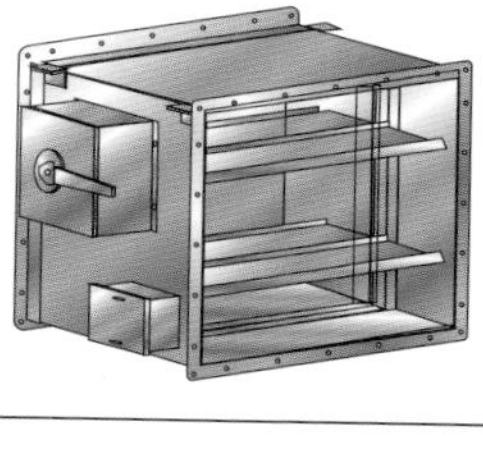

火災時にダクトを遮断し延焼を防ぐ機能を持つ部材。３階以上の縦穴区画部分では、感知器連動及び遮煙性能が求められる。

各部の名称
5. 建築物内部
（5）階段

鉄筋コンクリート造階段室

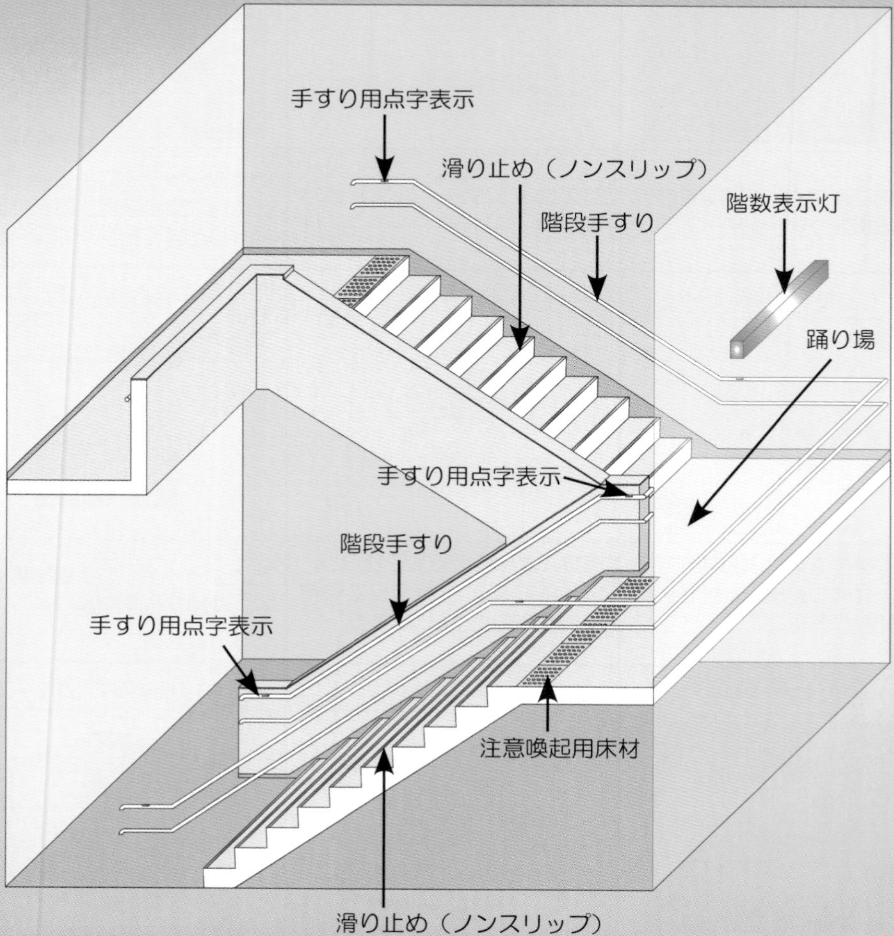

各部の名称
5. 建築物内部
（5）階段

滑《すべ》り止《ど》め

人がスリップするのを防ぐための部材。ノンスリップともいう。

階段《かいだん》手《て》すり

階段の高欄、腰壁、側柵。

踊《おど》り場《ば》

階段の途中に設けられた踏面の広い段。階段昇降時の危険防止や休息のためのほか、階段の方向を変えるなどのもの。

注意喚起用床材《ちゅういかんきようゆかざい》

視覚障害者誘導用ブロックの一種で注意すべき位置を示すもの。

手《て》すり用点字表示《ようてんじひょうじ》

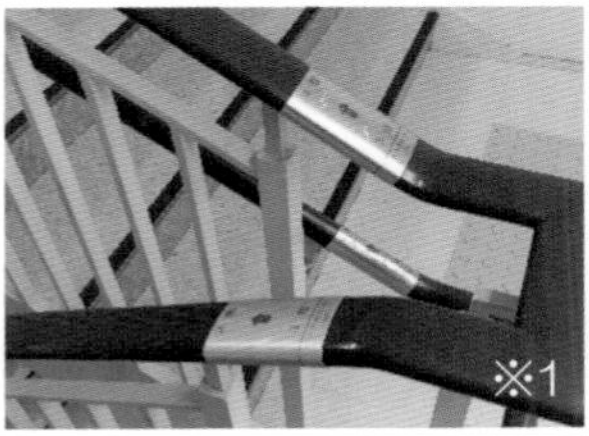

現在自分のいる場所を把握したり、行先を知るための点字表示。

階数表示灯《かいすうひょうじとう》

階段室内に設ける階数表示と照明を兼用した装置。非常用照明を内蔵したものもある。

ビニル床《ゆか》シート

塩化ビニル樹脂を主成分とするシート状の床材料。長尺シートともいう。

ビニル床《ゆか》タイル

塩化ビニル樹脂を主成分とする多くは30 ㎝角程度の床材料。タイル同様に敷き詰めて貼り付ける。

タイルカーペット

40~50 ㎝角程度に切断されたカーペット。タイル同様に敷き詰めて貼り付ける。

各部の名称

5. 建築物内部

(6) 便所、湯沸室

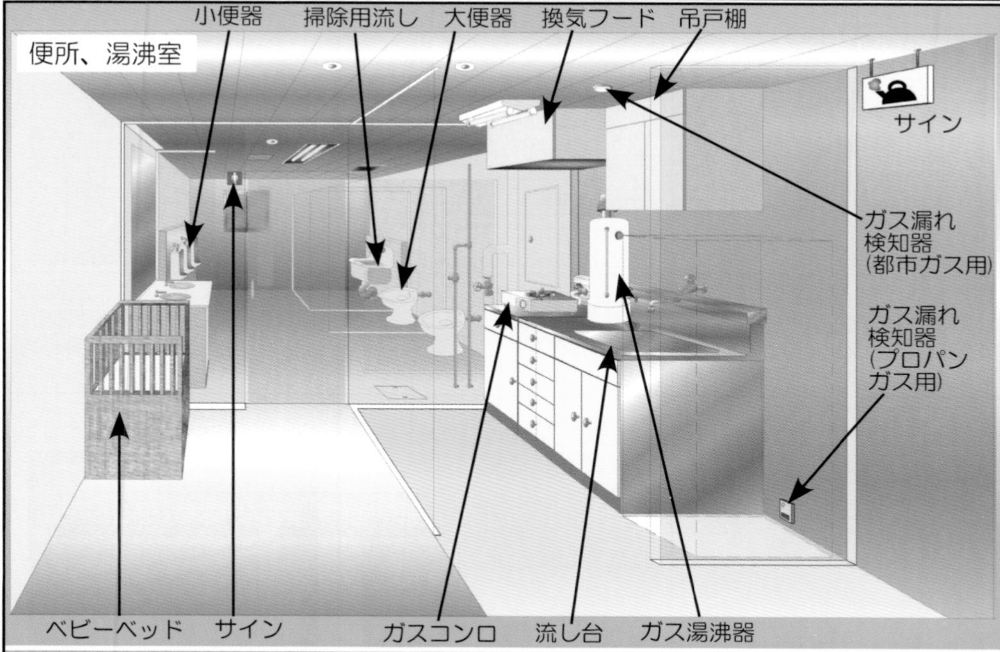

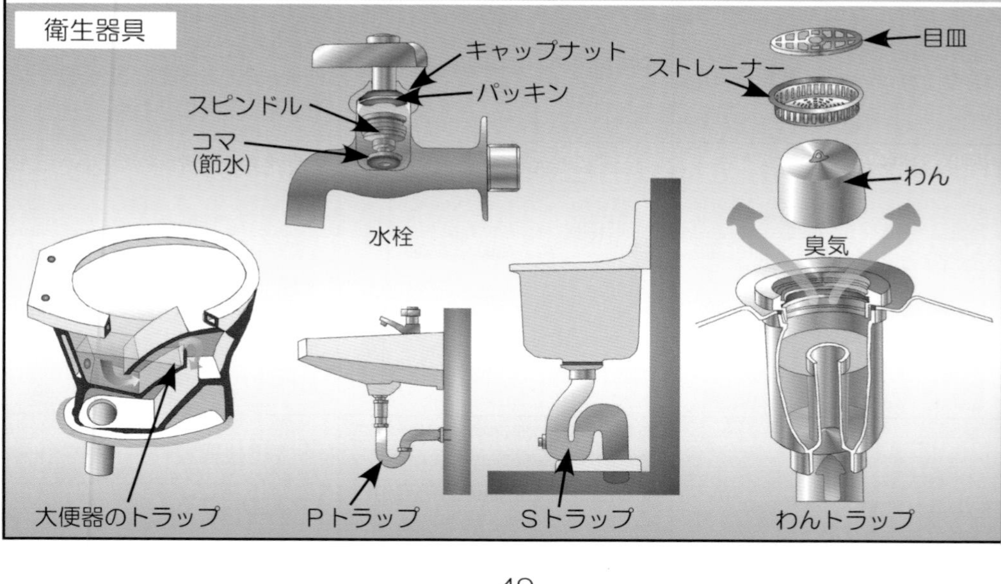

各部の名称
5. 建築物内部
（6）便所、湯沸室

ガス湯沸器《ゆわかしき》

瞬間式	貯湯式

ガスを燃料とした給湯設備の加熱装置。瞬間式と貯湯式とがある（電気の方式もある。）。

ガス漏《も》れ検知器《けんちき》

都市ガス用（上部に設置）	プロパンガス用（下部に設置）
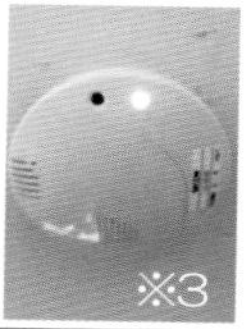	

ガスが漏れた場合、危険濃度になる前にガスを検知して警報等を発する器具。

コンロ

ガスコンロ	ＩＨコンロ

調理機器でガスコンロ、電気調理器（ＩＨコンロ等ともいう。）が主に用いられる。

小便器《しょうべんき》

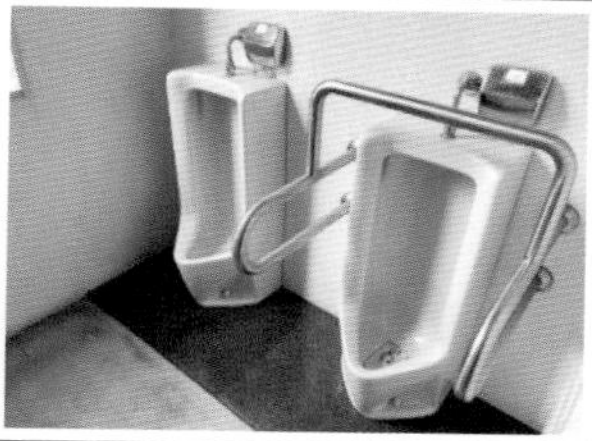

壁掛け型、床置があり、それぞれに丸型(朝顔型)、ストール型などがある。

洋式便器《ようしきべんき》

腰掛けた姿勢で使用する便器で、腰掛便器ともいう。

和式便器《わしきべんき》

日本在来の排便姿勢のしゃがみ型に合わせて作られた便器。

洗面《せんめん》カウンター

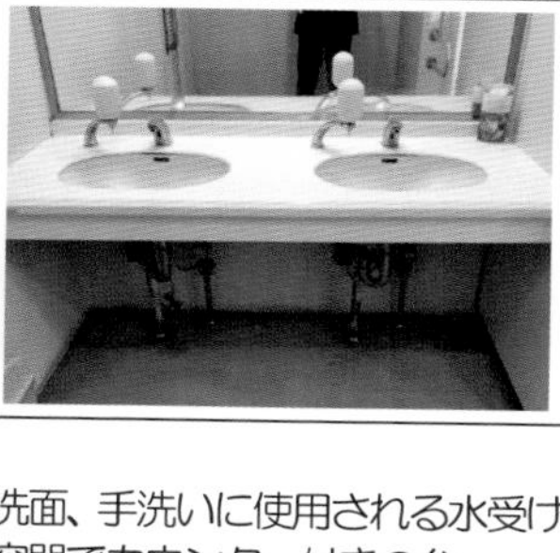

洗面、手洗いに使用される水受け容器でカウンター付きの台。

掃除用流《そうじようなが》し

掃除用のモップや雑巾を洗う流し。シンクともいう。

流《なが》し台《たい》

食品または食器等の水洗いなどに使用する槽を有する台。

各部の名称

5. 建築物内部

（7）バリアフリートイレ

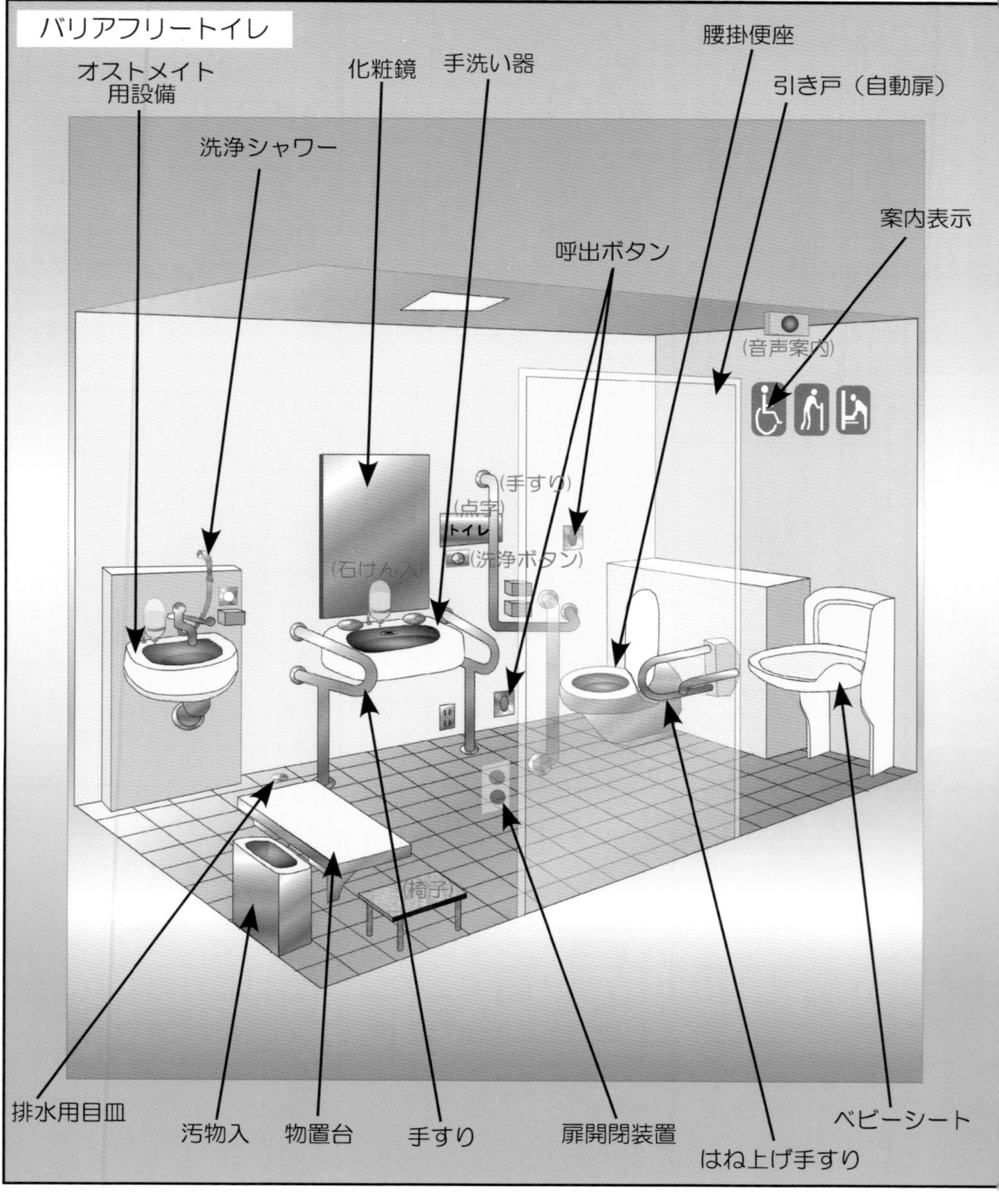

各部の名称
5. 建築物内部
（7）バリアフリートイレ

バリアフリートイレ

車椅子使用者、発達障害等の同伴を要する人、乳幼児連れの人、人工肛門使用者等に使われるトイレの総称。これまで、「障害者用トイレ」「車椅子専用トイレ」「多機能（多目的）トイレ」として呼んで整備されてきたが、「バリアフリートイレ」と称するようになってきている。

手洗《てあら》い器《き》

主として手洗い専用に用いる衛生陶器のひとつ。

ベビーシート

収納時

使用時

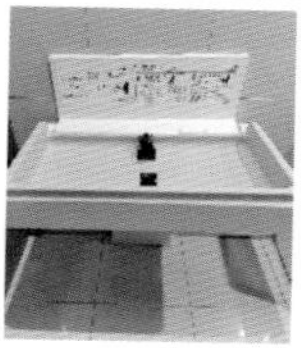

乳幼児のおむつの交換などをするための台。

オストメイト用設備《ようせつび》

人工肛門又は人工ぼうこうを使用している人の利用に配慮した設備で、汚物流し、洗浄用シャワーが設けられている。

おむつ等交換台《などこうかんだい》

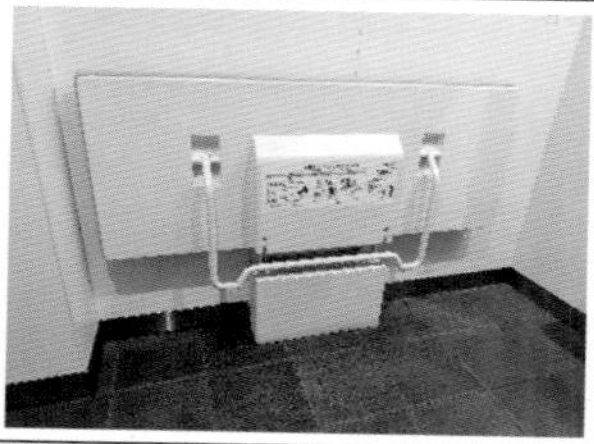

大人でも使用できる大型の交換台。

ベビーチェア

収納時

使用時

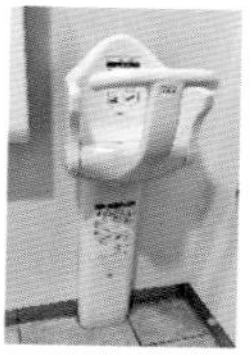

用を足す時に乳幼児を一時的に座らせておくチェア。

手《て》すり

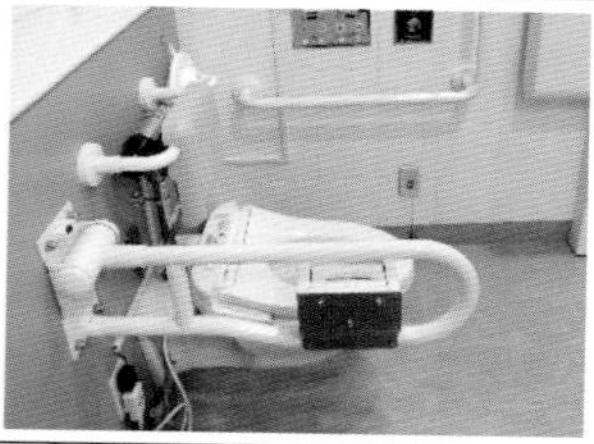

障がい者等の立ち座りや排泄姿勢の保持を助けるもの。

呼出《よびだし》ボタン

非常用の呼出ボタンを倒れた姿勢から操作しやすい位置に設置される。

洗浄《せんじょう》ボタン

便器の洗浄用ボタン。

扉開閉装置《とびらかいへいそうち》

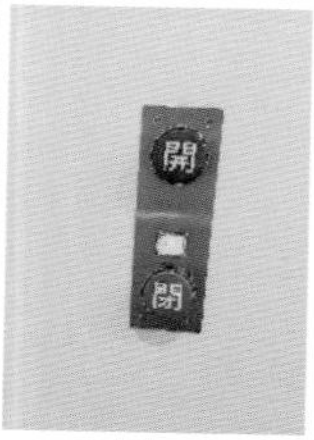

扉の開閉を行うボタン。

各部の名称

6. 敷地

（1）敷地内の各部

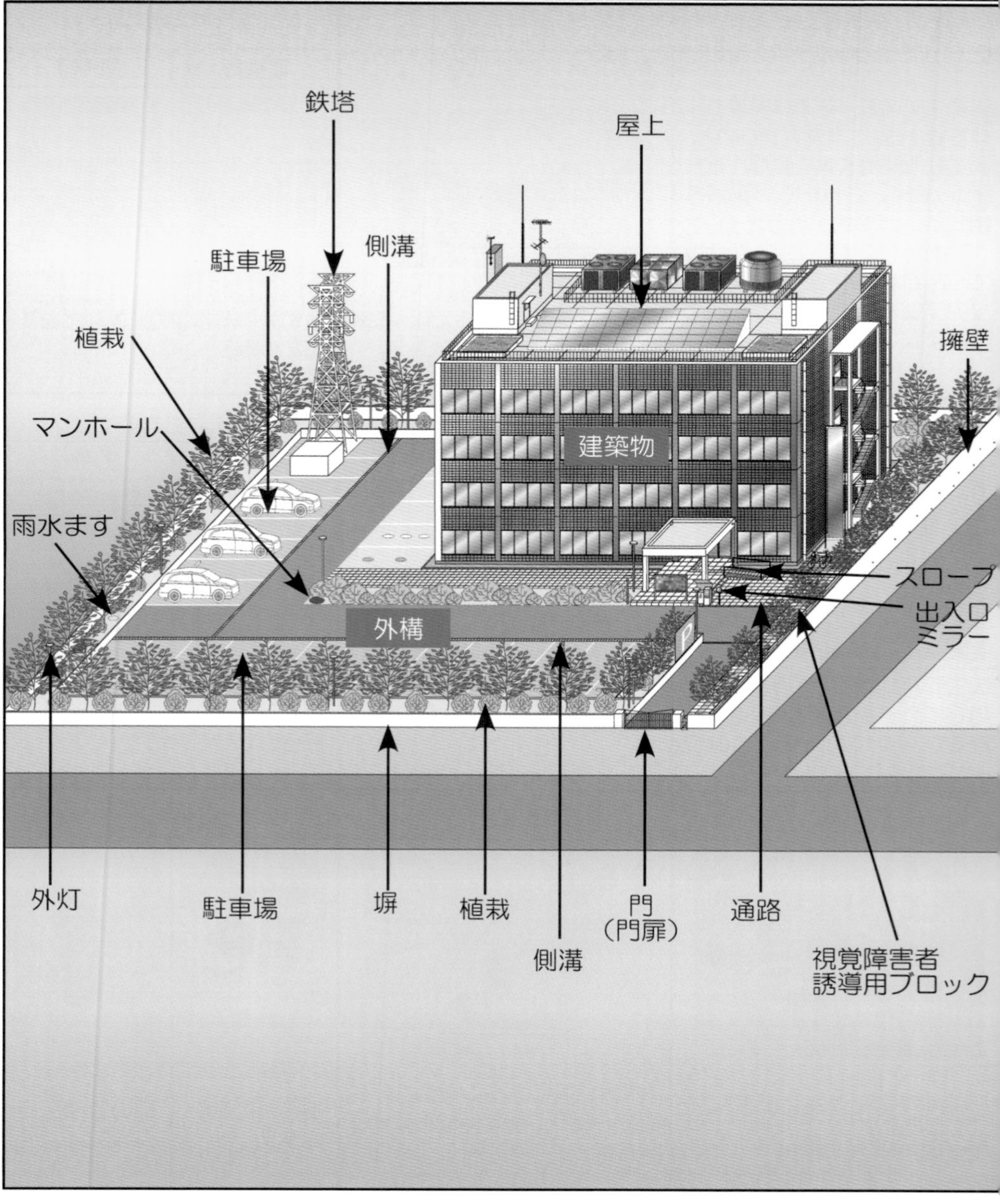

各部の名称
6. 敷地
（1）敷地内の各部

駐車場《ちゅうしゃじょう》

舗装の種類は、［（4）舗装］を参照。

通路《つうろ》

通路の仕上の種類は、［（4）舗装］を参照。

スロープ

勾配のある通路。車いす利用者のために設けられることが多い。

身体障害者用駐車場《しんたいしょうがいしゃようちゅうしゃじょう》

車椅子利用者等、身体障害者のための駐車場。建物の出入口の近くに設け、屋根付きとすることもある。

出入口《でいりぐち》ミラー

運転者にとって死角となる部分の様子が分かるように出入口に設ける凸面鏡。

広告塔《こうこくとう》（電光掲示板《でんこうけいじばん》）

広報のために設ける塔。発光ダイオード(LED)や液晶ディスプレイなどを用いて情報を発信する電光掲示板も多い。

駐車場管制装置《ちゅうしゃじょうかんせいそうち》

入口表示灯・出庫警報灯・車両誘導案内など駐車場の円滑かつ効率的な利用のための設備。

側溝《そっこう》

道路と敷地との間に設けられる排水溝。

マンホール

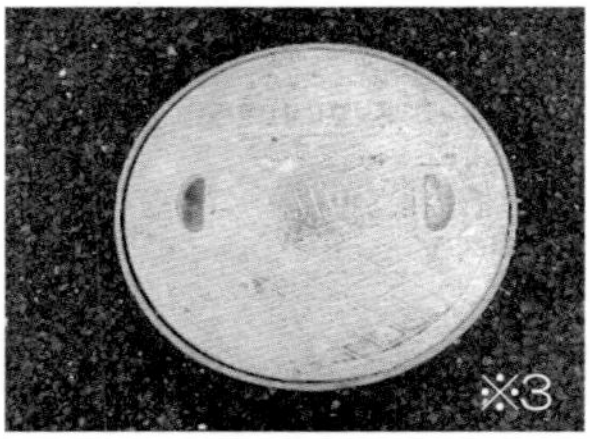

人が点検、清掃等のために出入りする縦穴。人が入って作業するものはマンホールと称される。

各部の名称
6. 敷地
（2）敷地内の各種設備

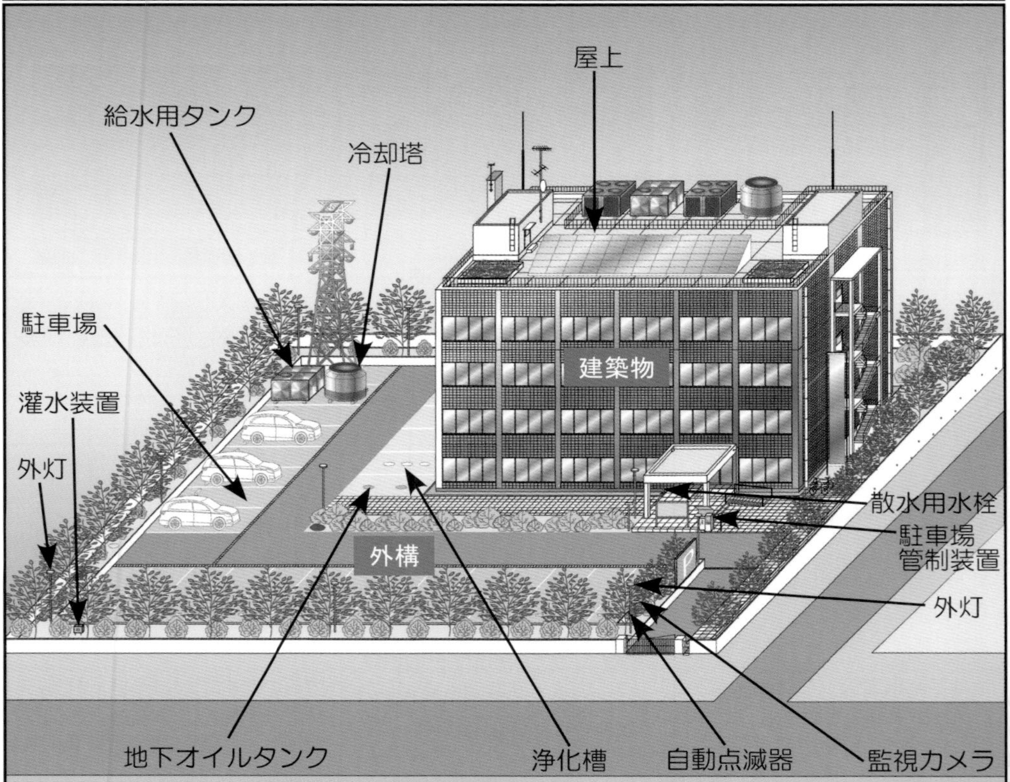

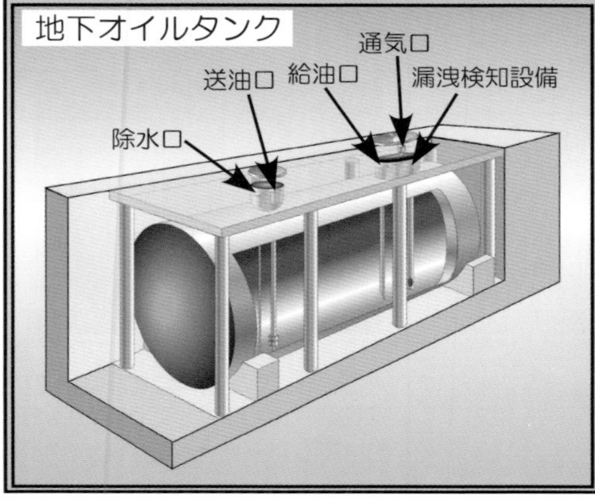

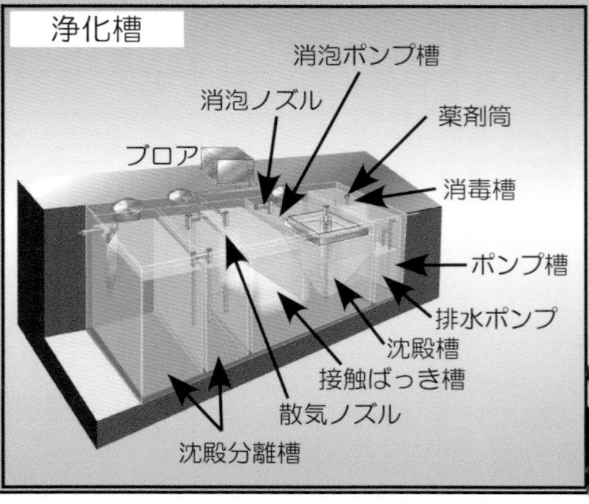

各部の名称
6. 敷地
（2）敷地内の各種設備

外灯《がいとう》

夜間に点灯し、敷地内の安全を高めるために設ける屋外照明器具。

自動点滅器《じどうてんめつき》

タイマーや照度センサーにより、外灯を自動的に点灯・消灯させる装置。

地下《ちか》オイルタンク

燃料油を貯めるタンクで地中に埋設されているもの。油配管で発電設備、空調熱源機器等に油を供給。

給水用《きゅうすいよう》タンク（受水《じゅすい》タンク）

建築物や各所に上水を供給するために水道本管から引き込んだ水をいったん貯水するタンク。受水槽ともいう。

浄化槽《じょうかそう》

下水道が接続できない施設では浄化槽を設けて、し尿及び生活排水を浄化して、構外の排水管に接続。

植栽《しょくさい》

敷地内に植えられた樹木や草花。

散水用水栓《さんすいようすいせん》

屋外に設けられた水まきや掃除等に用いられる水栓。鋼製の箱等で地中に埋め込まれたものもある。

灌水装置《かんすいそうち》

植栽に灌水ホースやスプリンクラーを予め設置して、水やりを行う設備。

各部の名称

6. 敷地

(3) 工作物等

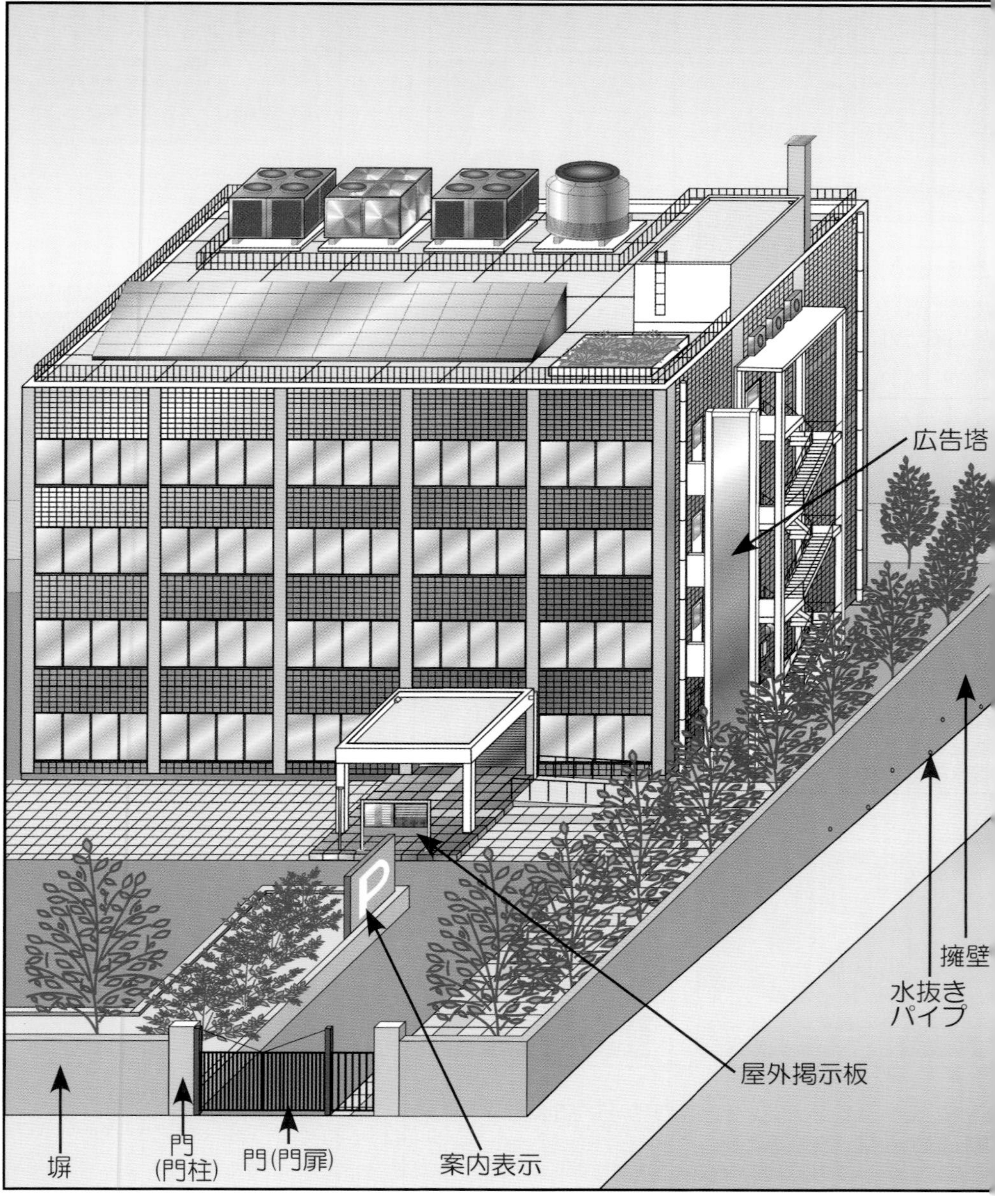

各部の名称
6. 敷地
（3）工作物等

案内表示《あんないひょうじ》

建築物や部屋などの所在などを示すもの。サインともいう。

屋外掲示板《おくがいけいじばん》

屋外に設ける掲示板。

擁壁《ようへき》

切土あるいは盛土により大きな高低差が生じる場所に土の崩壊を防止するために設置する鉛直壁体構造物。

水《みず》抜《ぬ》き穴《あな》

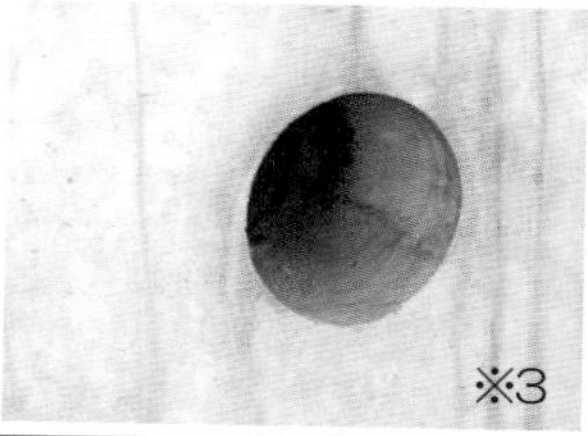

雨などにより擁壁の背後に浸透した水を抜くために擁壁の各所に設置したパイプ等による穴。

門《もん》

門《もん》（門扉《もんぴ》）

敷地を囲う垣や塀などに通行のために設けた開口部。門に設けられた扉等は門扉という。

門《もん》（門柱《もんちゅう》）

門の両側に立つ門扉を支える柱。

各部の名称

6. 敷地

（4）舗装

アスファルト舗装

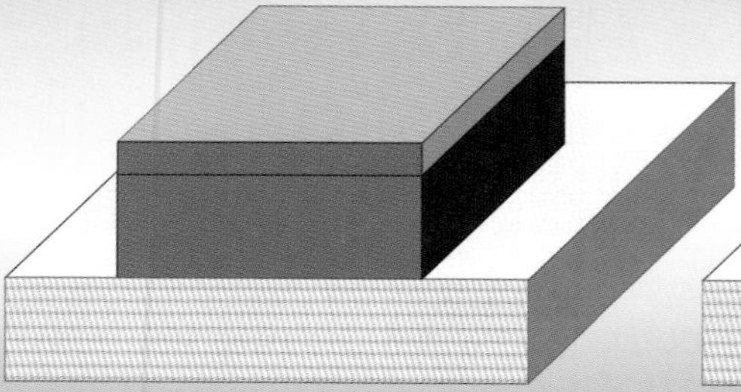

コンクリート舗装（車道）

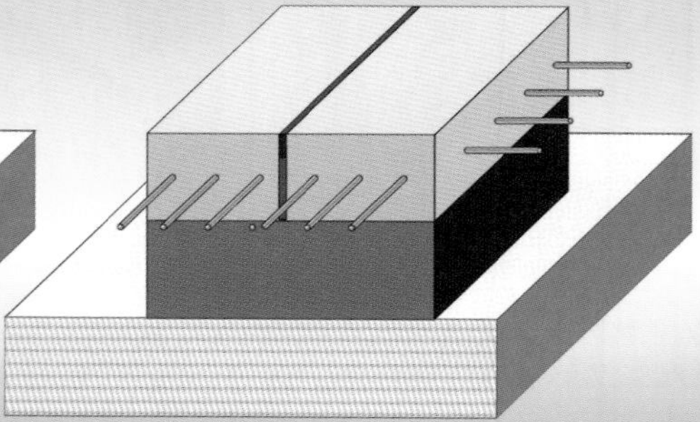

コンクリート舗装（歩道）

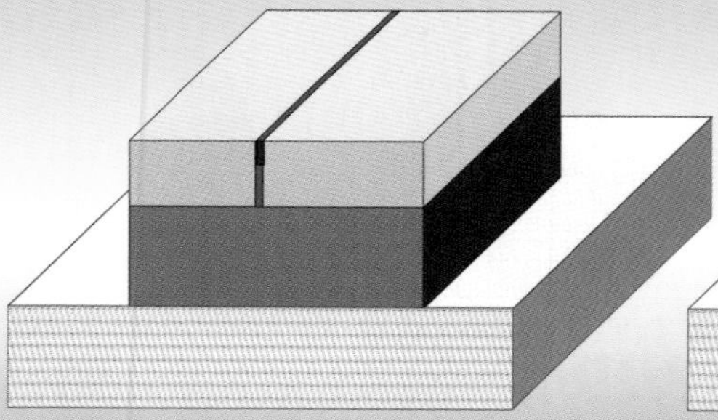

インターロッキングブロック舗装（歩道）

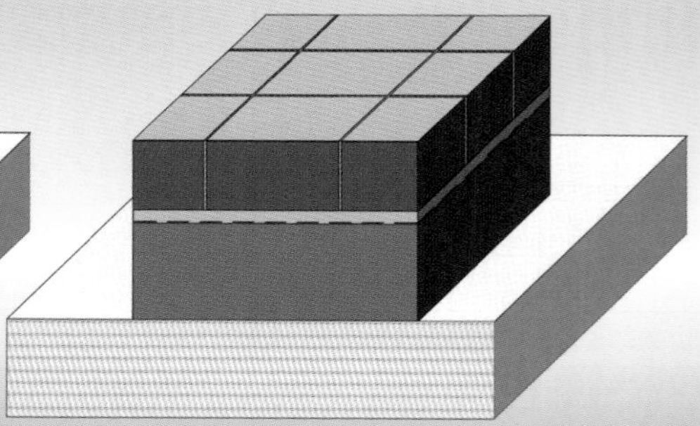

視覚障害者誘導用ブロック舗装（歩道）

舗石・れんが舗装（歩道）

各部の名称
6. 敷地
（4）舗装

アスファルト舗装《ほそう》（歩道《ほどう》）

アスファルト舗装《ほそう》（車道《しゃどう》）

路面をアスファルトで仕上げた舗装。雨水を地中に通し、排水をよくした 透水性アスファルト舗装などもある。

コンクリート舗装《ほそう》

路面をコンクリートで仕上げた舗装。

タイル張《ば》り舗装《ほそう》

路面をコンクリートの上にタイルで仕上げた舗装。

石張《いしば》り舗装《ほそう》

路面をコンクリートの上に石で仕上げた舗装。

インターロッキングブロック舗装《ほそう》

舗装用コンクリートブロックを路盤に敷設した舗装。

視覚障害者誘導用《しかくしょうがいしゃゆうどうよう》ブロック

視覚障害者の歩行を支援する凹凸のついた黄色などに着色されたタイル等の床材料。

舗石舗装《ほせきほそう》

立方体、直方体の小舗石を敷き並べる舗装。

れんが舗装《ほそう》

れんがを敷き並べた舗装。

各部の名称

6. 敷地

（5）塀、擁壁

補強コンクリートブロック塀

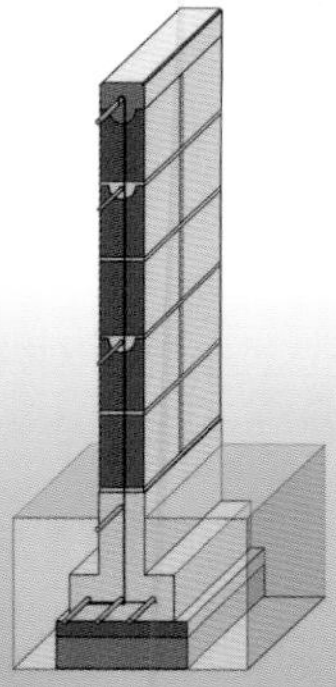

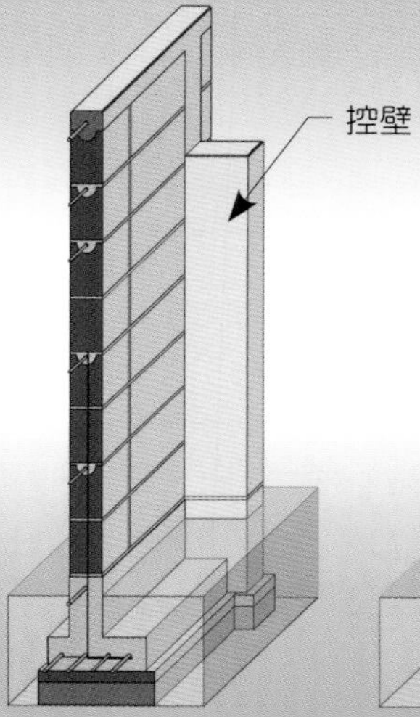

鉄筋コンクリート塀

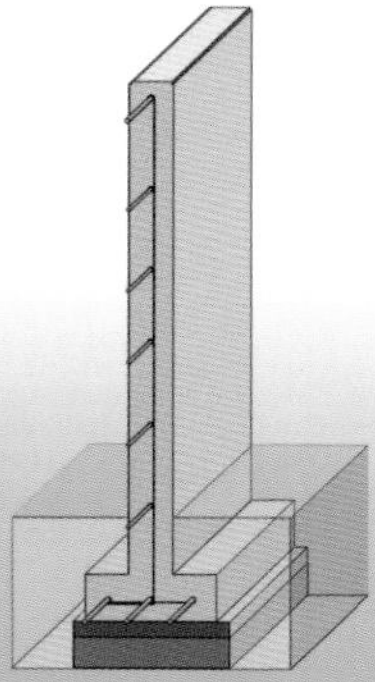

格子フェンス

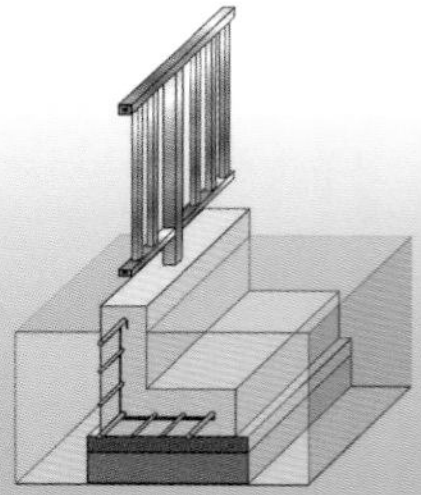

ネットフェンス

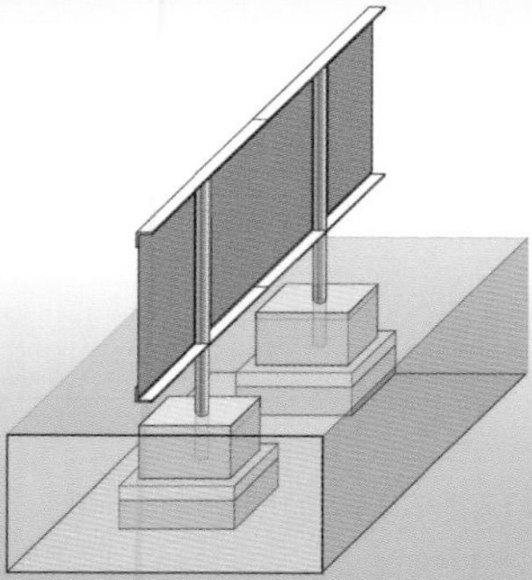

擁壁

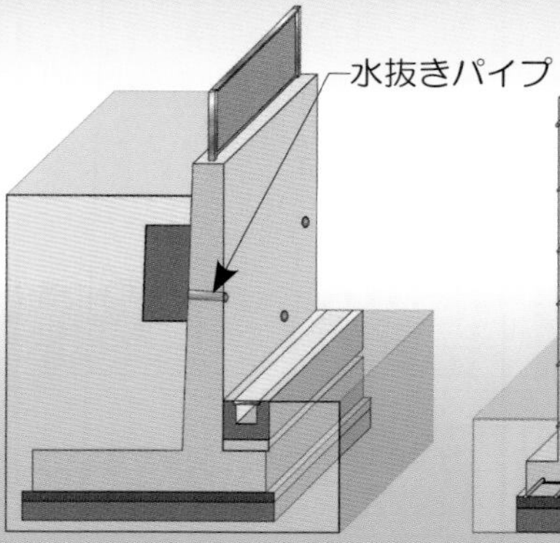

門扉

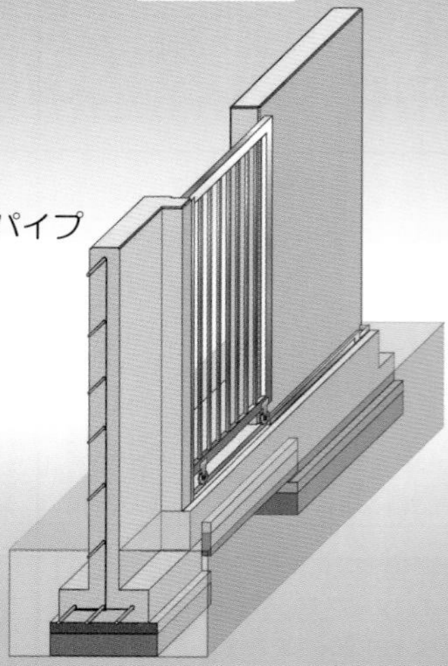

各部の名称
6．敷地
（5）塀、擁壁

補強《ほきょう》コンクリートブロック塀《べい》	鉄筋《てっきん》コンクリート塀《べい》	万台塀《まんだいへい》

コンクリートブロックを積み重ねて鉄筋で補強した塀。単にブロック塀ともいう。	鉄筋コンクリート造による塀。	鉄筋コンクリート部材を組み立てた塀。俗称は万年塀・組立塀・万代塀ともいう。
石塀《いしべい》	れんが塀《べい》	フェンス（ネットフェンス）

石を積み重ねた塀。	れんがを積み重ねた塀。	金網などを張った柵。
擁壁《ようへき》（間知石積《けんちいしづ》み）	擁壁《ようへき》（鉄筋《てっきん》コンクリート造《ぞう》）	擁壁《ようへき》（コンクリートブロック積《づ》み）

切土あるいは盛土により大きな高低差が生じる場所に土の崩壊を防止するために設置する鉛直壁体構造物。

各部の名称

7. 設備システム（電気設備）

（1）電気設備系統

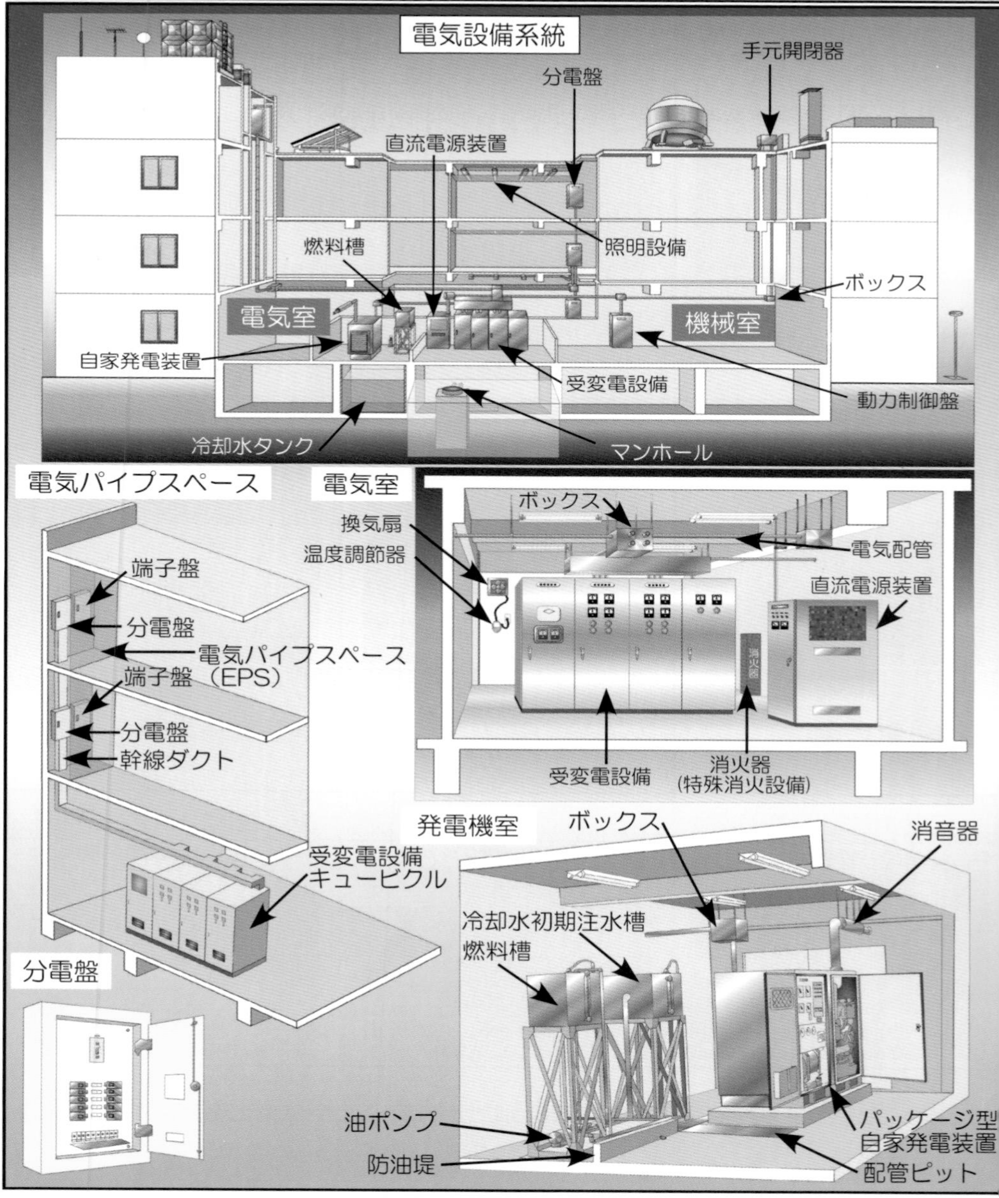

各部の名称
7. 設備システム（電気設備）
（1）電気設備系統

電気室

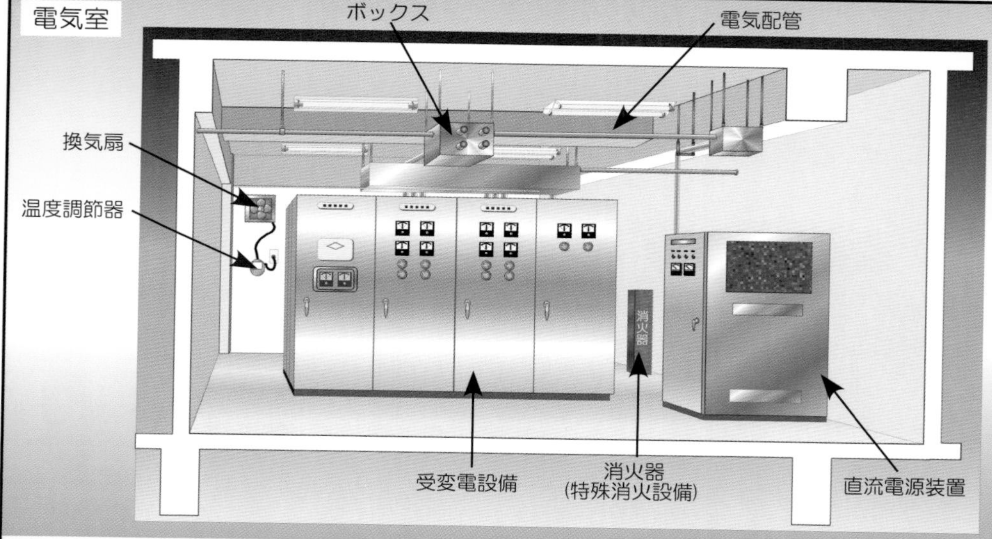

分電盤

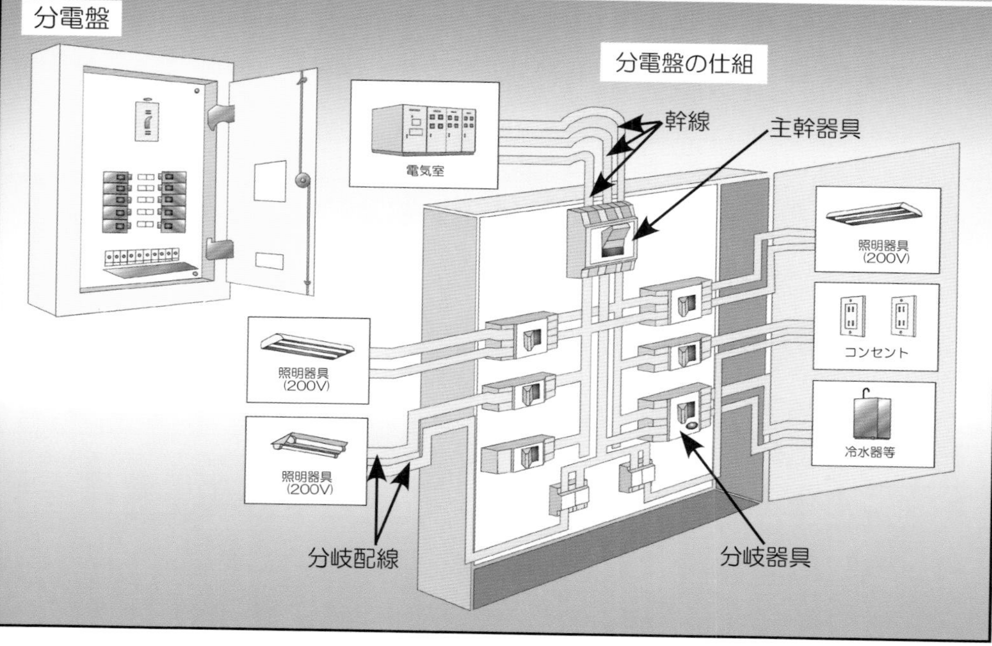

各部の名称

7. 設備システム（電気設備）

（1）電気設備系統

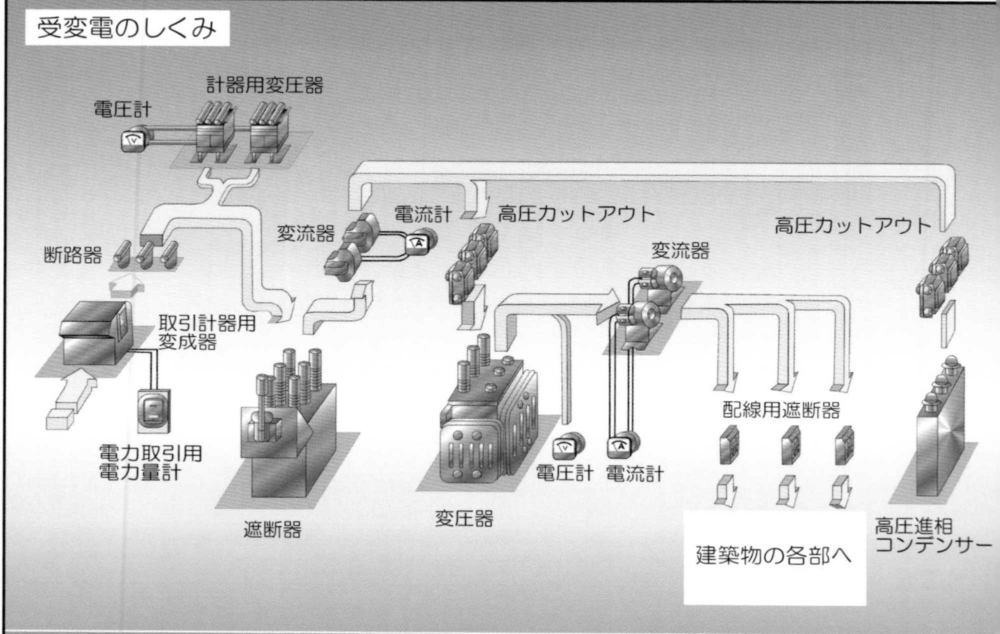

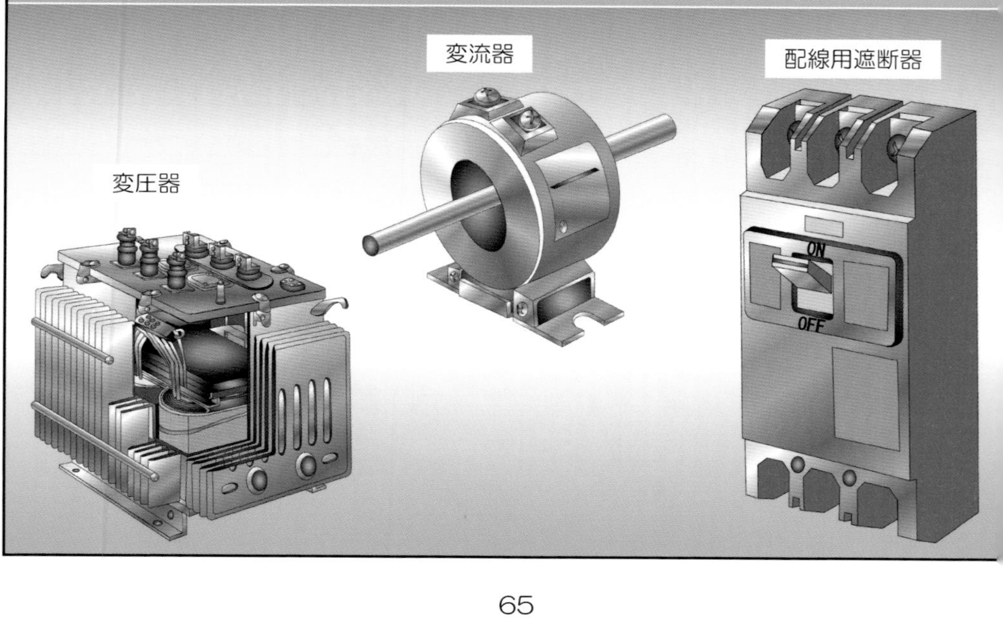

各部の名称
7. 設備システム（電気設備）
（2）電気設備系統の各種機器等

ケーブルラック	ボックス（プルボックス）	受変電設備《じゅへんでんせつび》（キュービクル）

天井面などに電線を配線するための棚又は台。	電線の接続や直線を容易にするために設ける箱。	電気事業者からの電気の供給を照明器具等で使用する100Vや200Vの電圧に降圧し、安全に電気を供給するための機器。

自家発電装置《じかはつでんそうち》	燃料槽《ねんりょうそう》	直流電源装置《ちょくりゅうでんげんそうち》

商用電源が停止した際に消火ポンプ類や非常用エレベーターなどに電気を供給する非常用設備。	燃料用の軽油や重油などを貯蔵するためのタンク。貯蔵方法や設置場所により、屋内、屋外タンク、地下タンクに分類される。	蓄電池設備ともいい、非常用照明器具や受変電設備の制御装置などに電源を供給するためのもの。

分電盤《ぶんでんばん》	端子盤《たんしばん》	配管《はいかん》ピット
		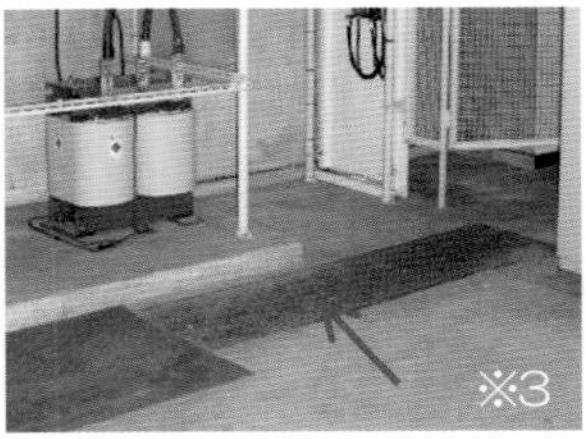
幹線と分岐回路との分岐点に設けて配線用遮断器やスイッチなどを収容したもの。	主に通信配線を端子板、保安器等により、接続又は分配する箱。	床に設けた配線、配管を通す空間。

各部の名称
7. 設備システム（電気設備）
（3）照明器具、照明設備

蛍光灯（天井埋込タイプ）

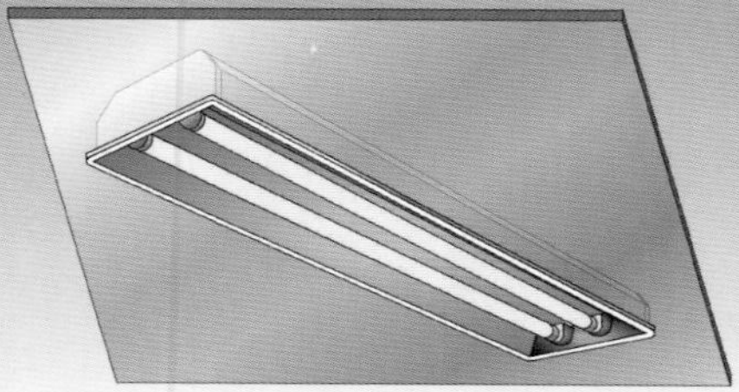

非常用照明付蛍光灯（天井埋込タイプ）

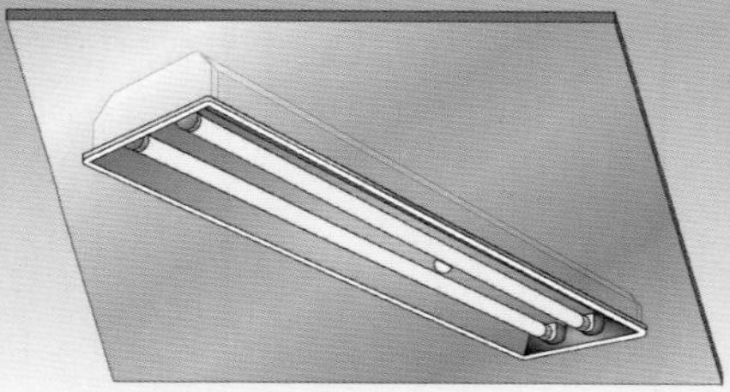

蛍光灯（天井露出タイプ）

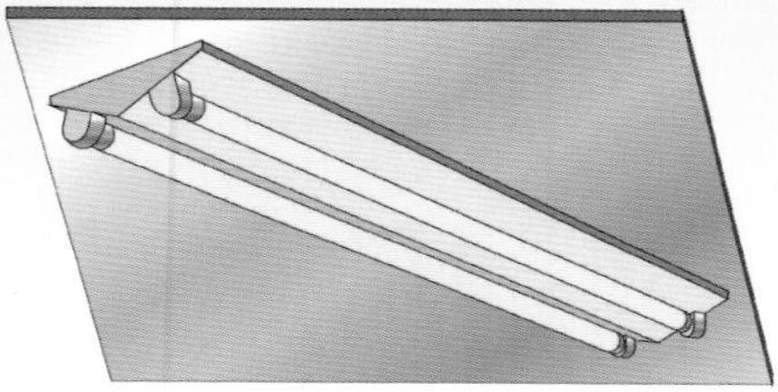

非常用照明付蛍光灯（天井露出タイプ）

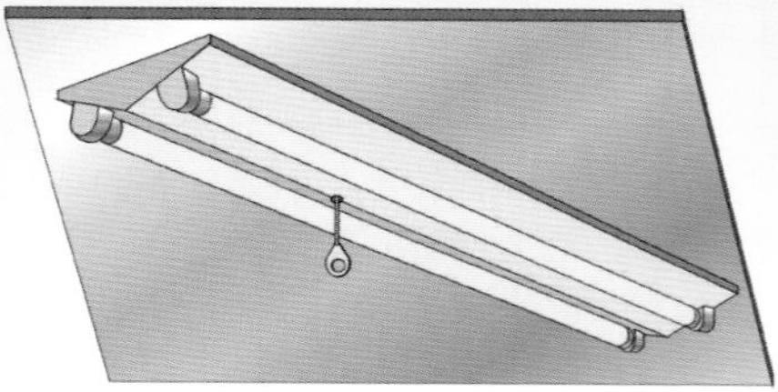

ダウンライト照明

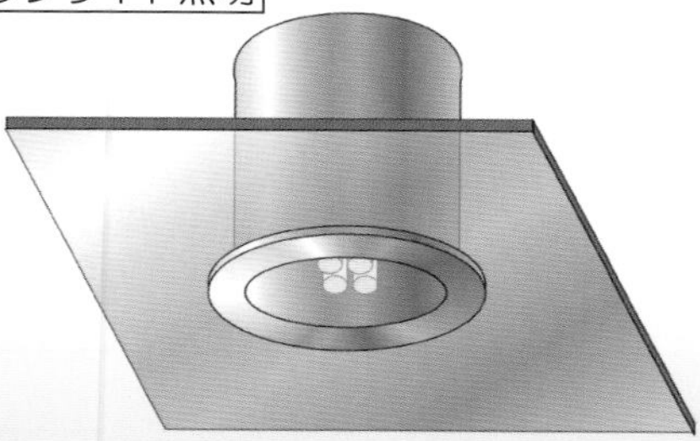

非常用照明付ダウンライト照明

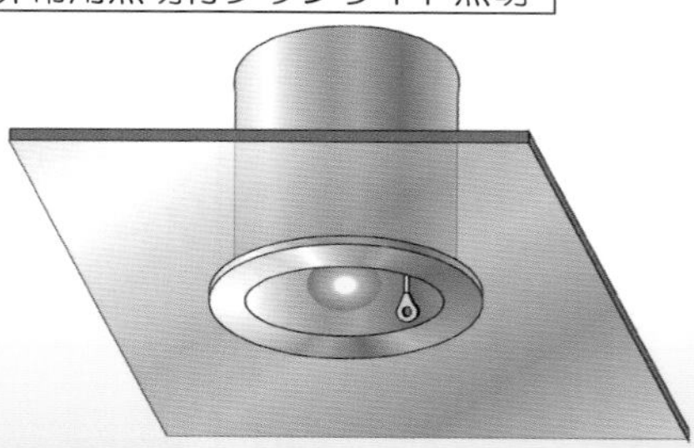

スポットライト

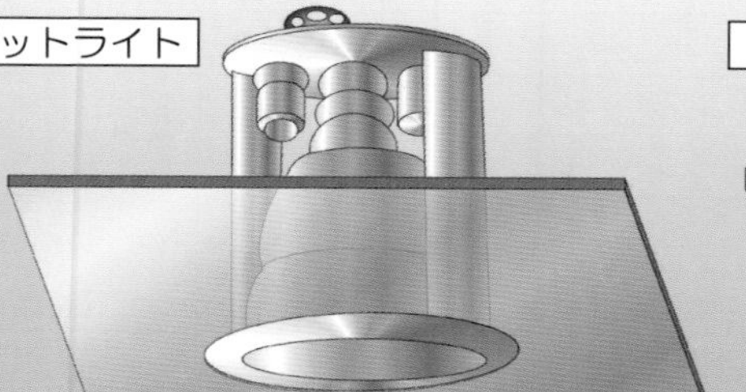

非常用照明

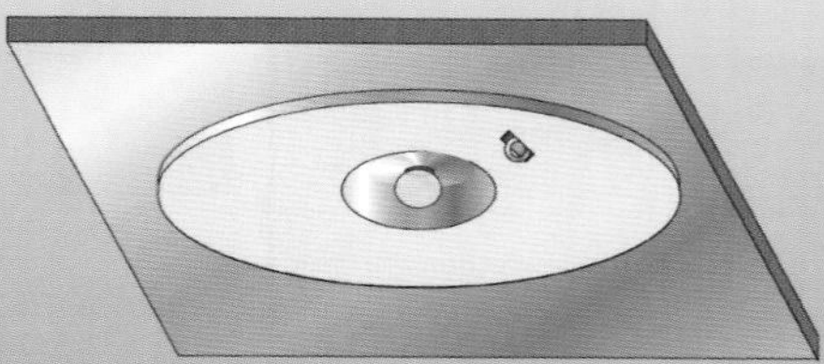

各部の名称

7. 設備システム（電気設備）

（3）照明器具、照明設備

蛍光灯《けいこうとう》 （天井埋込《てんじょううめこみ》タイプ）	HF蛍光灯《けいこうとう》 （天井埋込《てんじょううめこみ》タイプ）	非常用照明付蛍光灯《ひじょうようしょうめいつきけいこうとう》 （天井埋込《てんじょううめこみ》タイプ）

蛍光灯を用いた照明器具で天井に埋め込まれたもの。	高効率・省エネルギーを実現したHf（高周波点灯専用型）蛍光灯を使用した照明器具。	天井埋込タイプの蛍光灯に非常用照明を内蔵した照明器具。
蛍光灯《けいこうとう》 （天井露出《てんじょうろしゅつ》タイプ）	ＬＥＤ照明《しょうめい》	非常用照明付蛍光灯《ひじょうようしょうめいつきけいこうとう》 （天井露出《てんじょうろしゅつ》タイプ）

蛍光灯を用いた照明器具で天井に露出で取り付けられたもの。	発光ダイオード（LED）を使用した照明器具。	天井露出タイプの蛍光灯に非常用照明を内蔵した照明器具。
ダウンライト照明《しょうめい》	非常用《ひじょうよう》ダウンライト照明《しょうめい》	スポットライト
		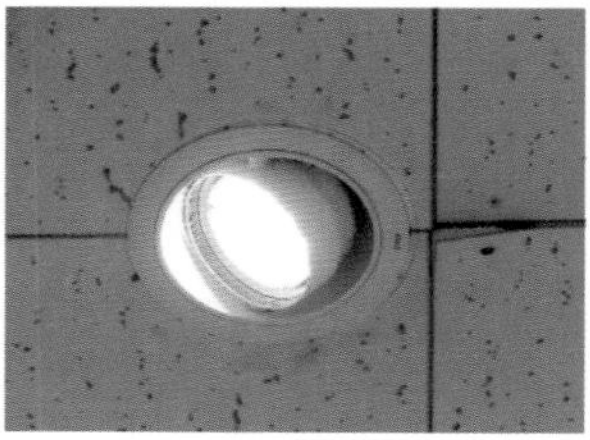
天井に埋め込んで取り付ける照明器具のうち、小型のもの。	ダウンライト照明器具に非常用照明を内蔵したもの。	特定の場所に集中的に光を当てる照明器具。

各部の名称

7. 設備システム（電気設備）

（4）電話設備、インターホン設備、情報（出退）表示設備

電話設備

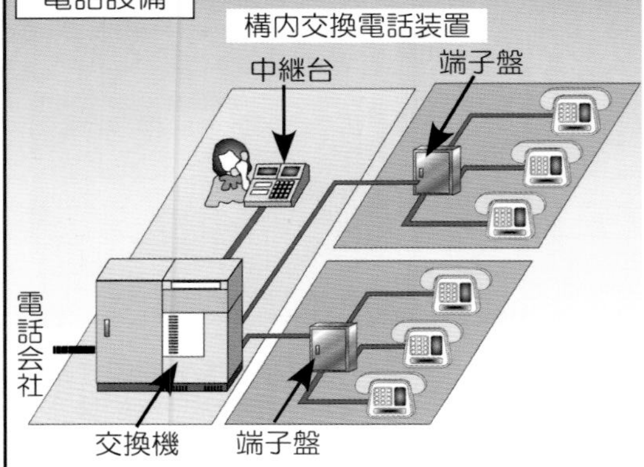

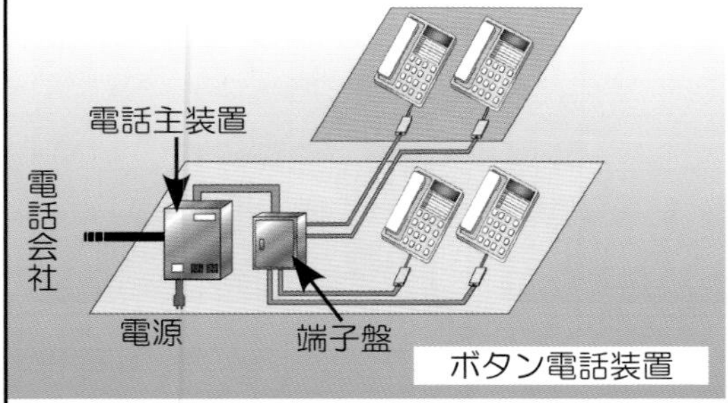

インターホン設備

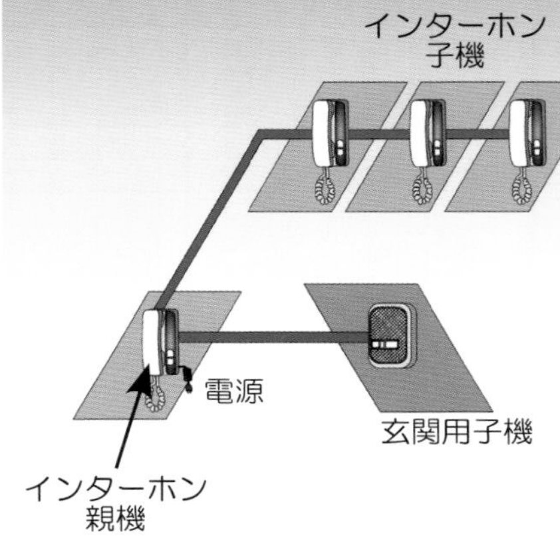

出退表示設備

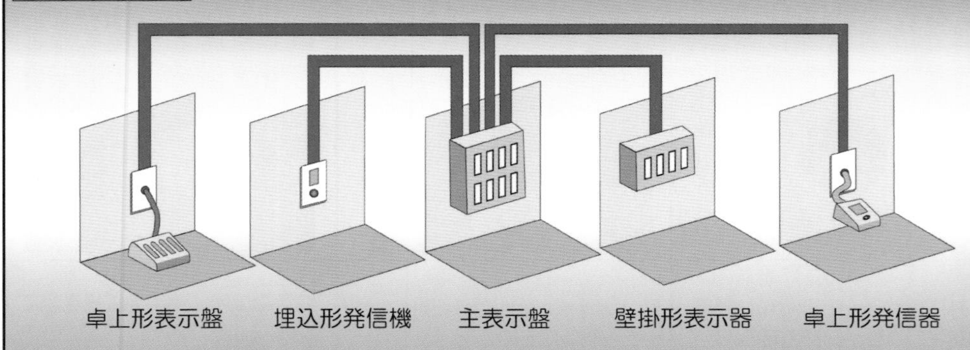

各部の名称
7. 設備システム（電気設備）
（5）放送設備、時計設備、テレビ共同受信設備

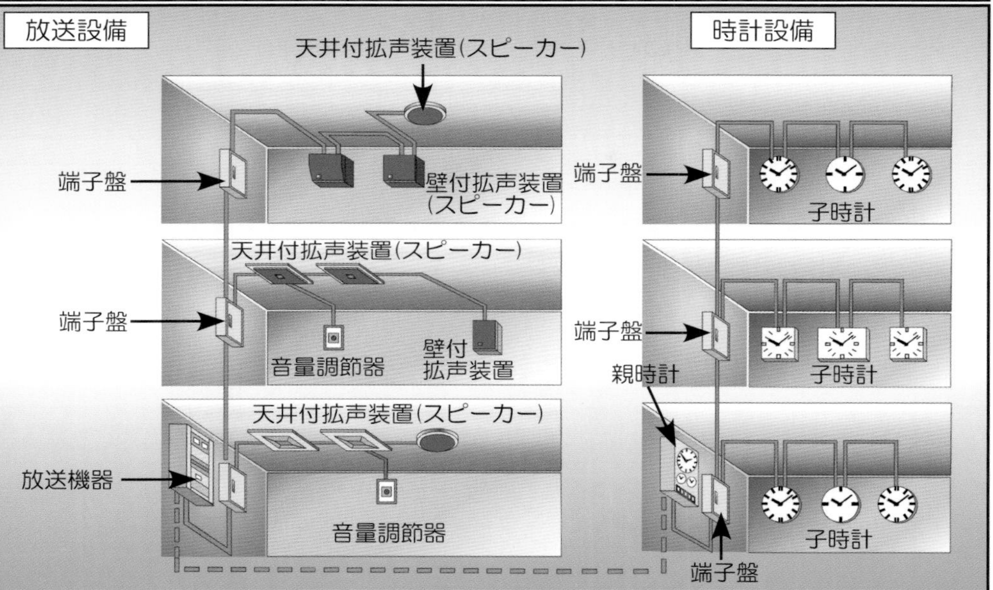

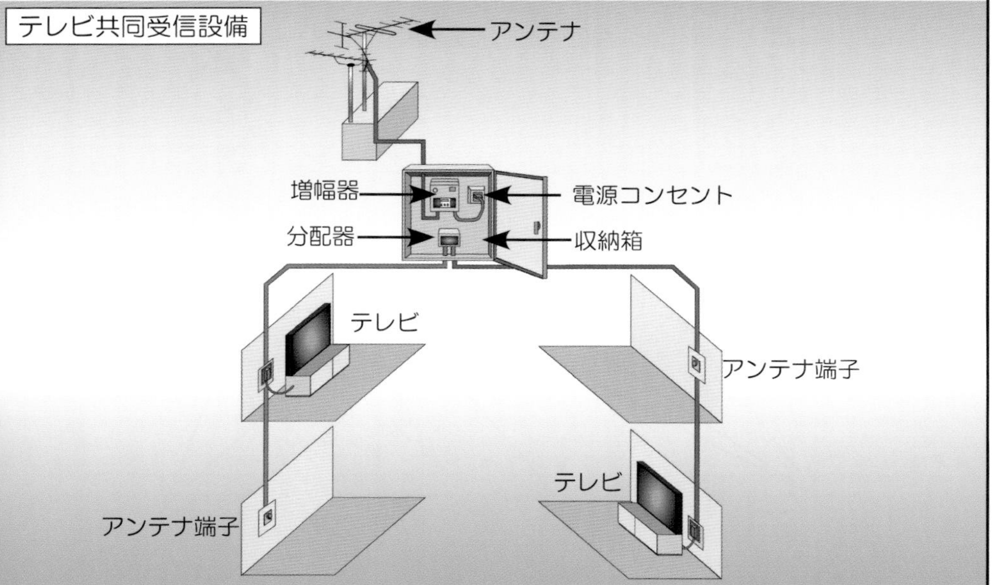

各部の名称

7. 設備システム（電気設備）

（6）機械警備

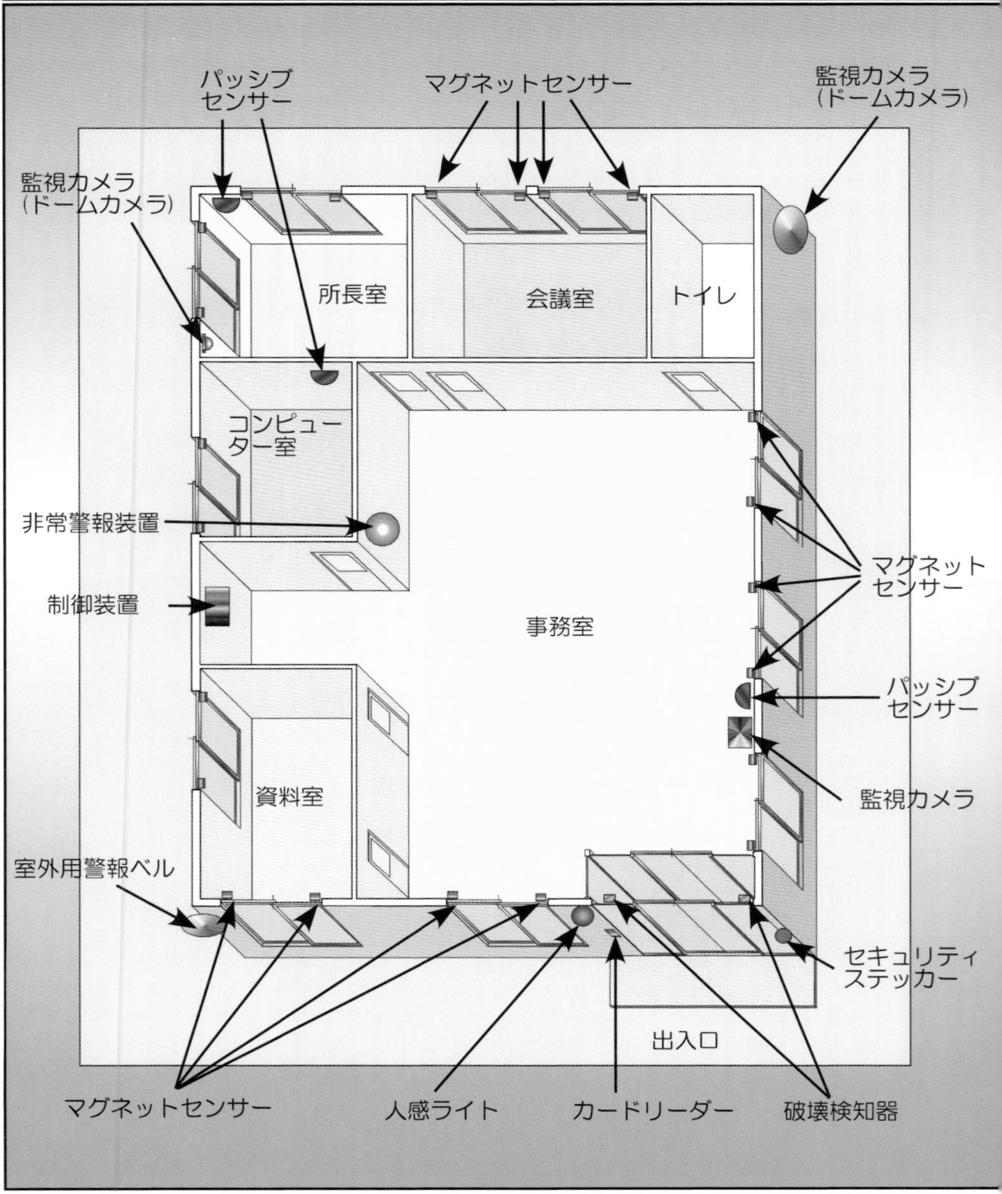

各部の名称
7. 設備システム（電気設備）
（6）機械警備

カードリーダー（入退室管理《にゅうたいしつかんり》）	マグネットセンサー	破壊検知器《はかいけんちき》

施設管理者の出入口に設ける入退室を記録管理する装置。	扉や窓の開閉状態を監視するセンサー。	窓ガラスの破壊を検知するセンサー。
パッシブセンサー	制御装置《せいぎょそうち》	監視《かんし》カメラ

人体から発生する赤外線を監視するセンサー。	各センサーの情報を警備会社へ通報したり、各種の操作・確認をする主装置。	防犯等のため、天井等に設けられたビデオカメラ。広義には映像の記録や確認ができる装置全体をいう。
人感《じんかん》ライト	セキュリティステッカー	監視《かんし》カメラ（ドームカメラ）

侵入者を感知して光で威嚇する装置。	建築物が警備対象であることを示すステッカー。	見る人に圧迫感の少ないカメラ。日中、夜間に対応するなどいろいろなタイプがある。

各部の名称

8. 設備システム（機械設備）

（1）空気調和設備

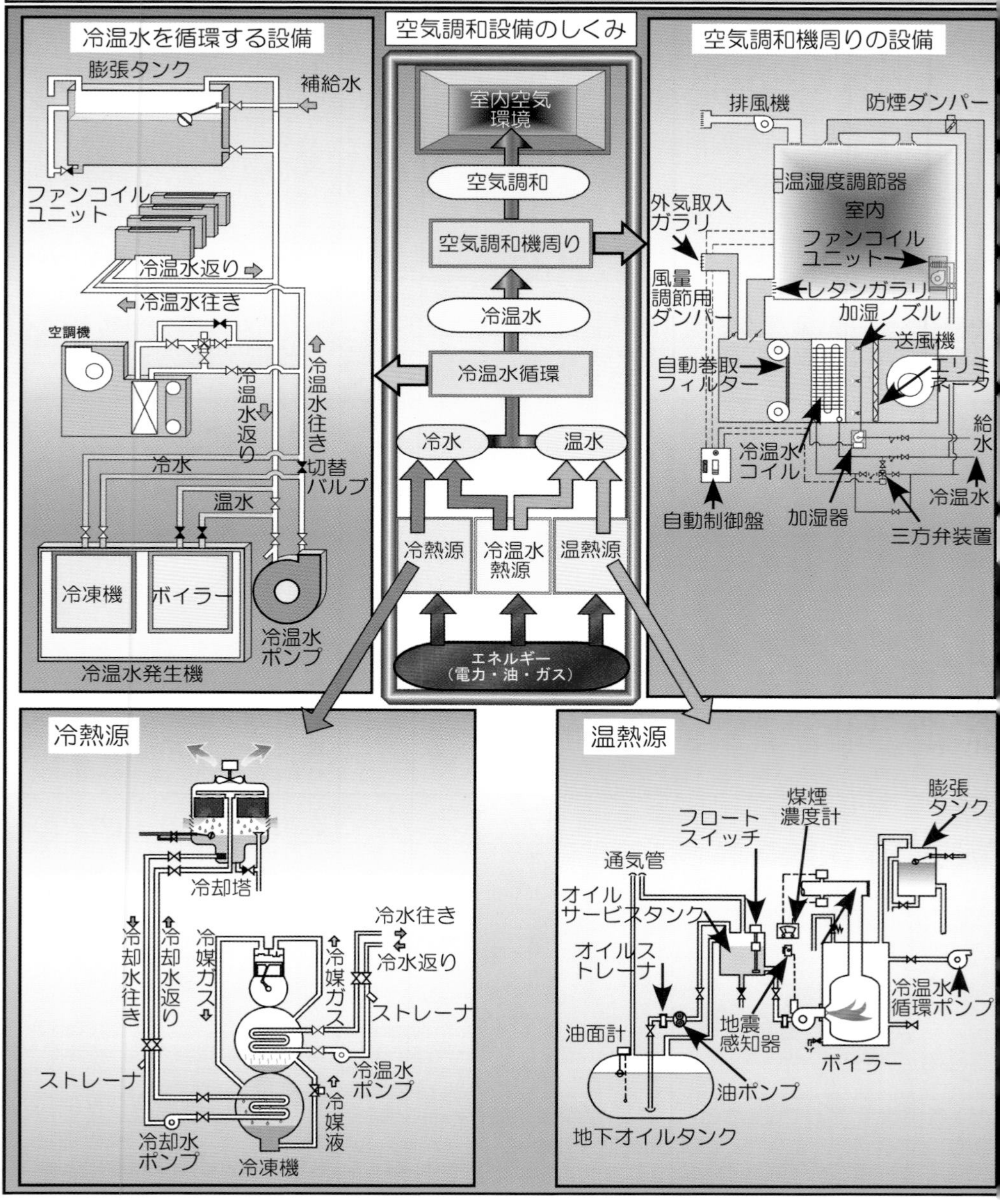

各部の名称

8. 設備システム（機械設備）

（1）空気調和設備

空気調和設備系統図

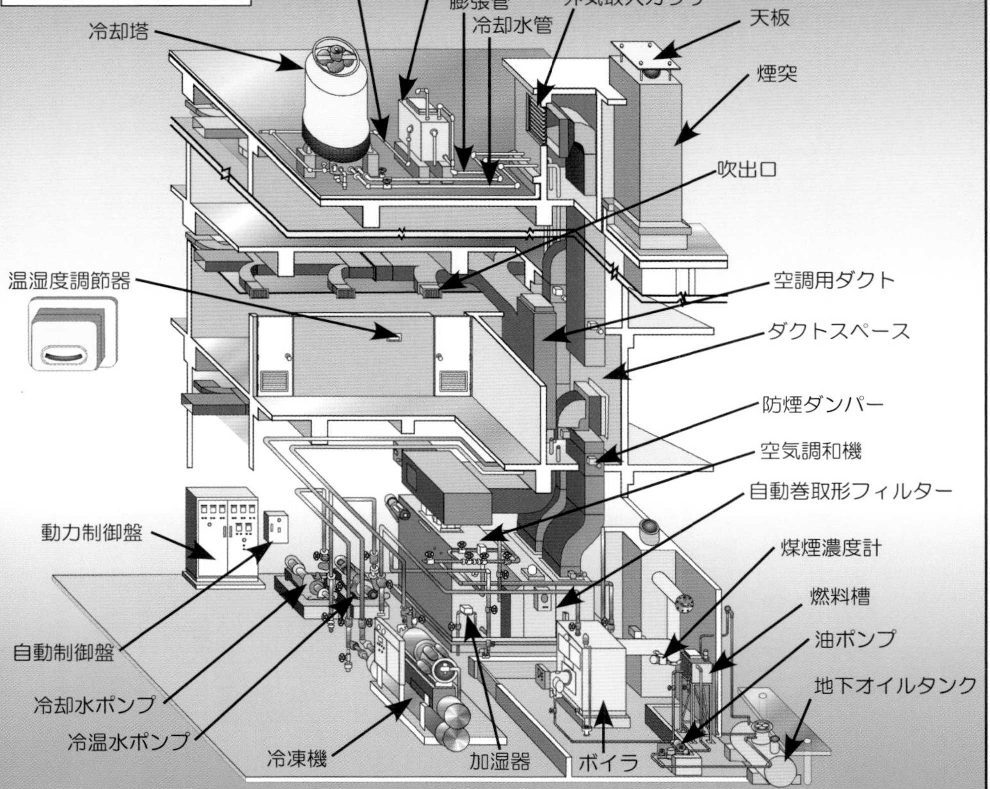

制気口

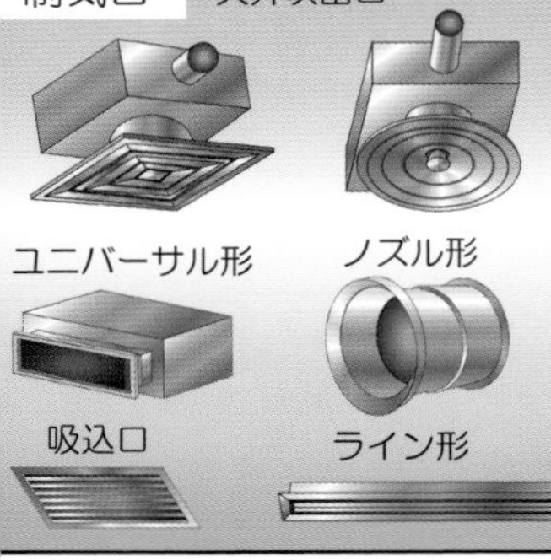

ファンコイルユニット

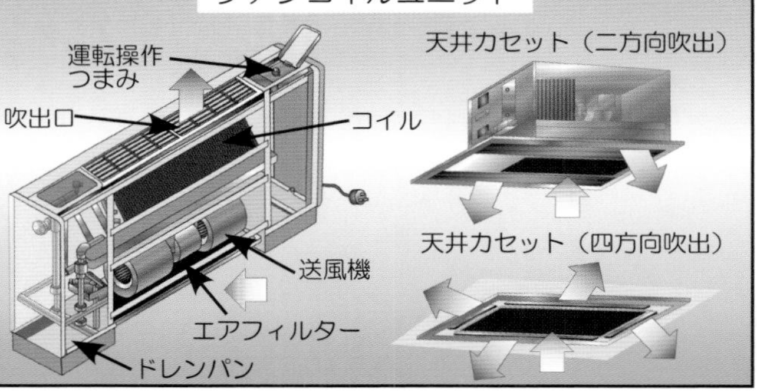

各部の名称
8. 設備システム（機械設備）
（2）空気調和設備機器

熱源機器

吸収冷温水機

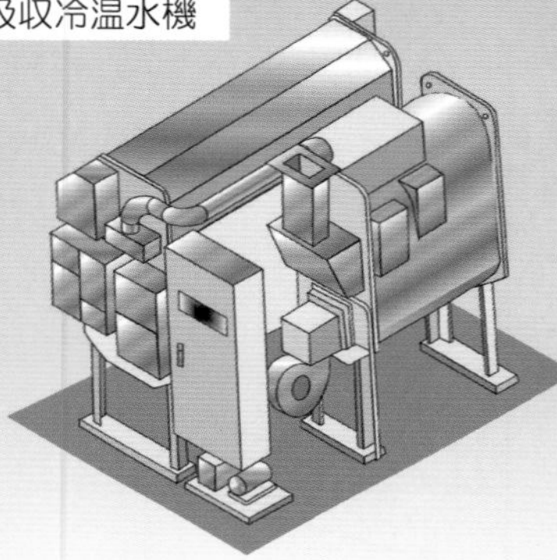

チリングユニット

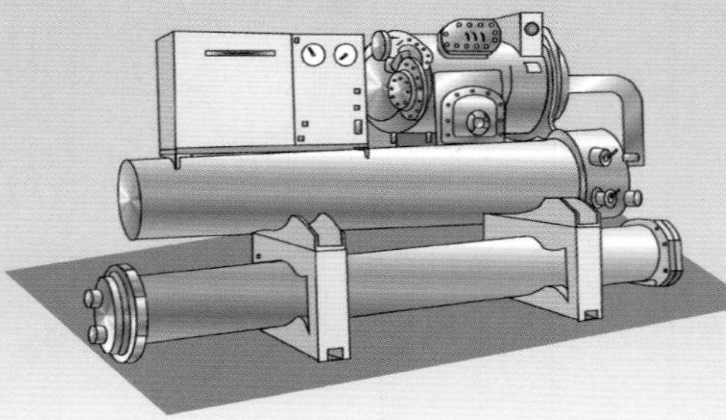

ターボ冷凍機

ボイラー

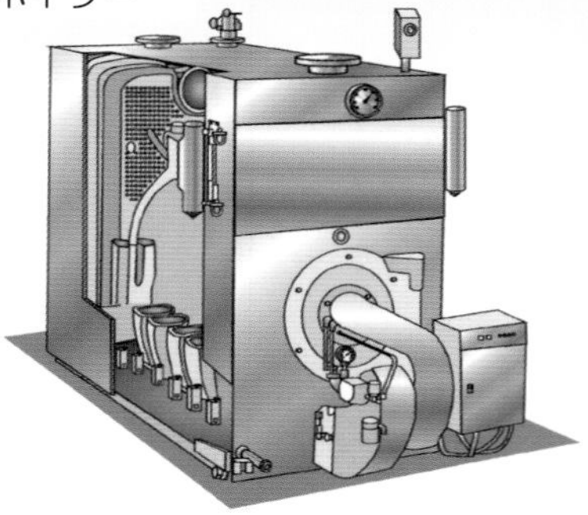

冷温水ポンプ

ヘッダー

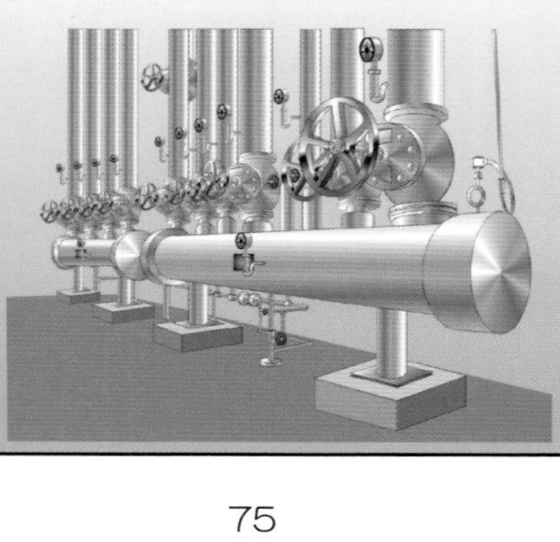

冷却塔

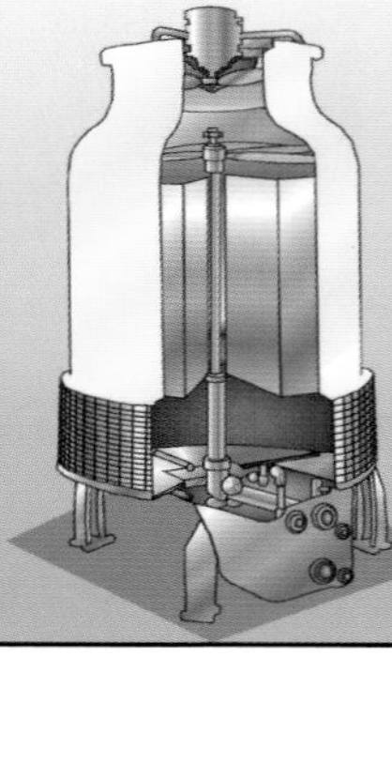

各部の名称
8. 設備システム（機械設備）
（2）空気調和設備機器

吸収冷温水機《きゅうしゅうれいおんすいき》

水の気化熱を利用して冷房用の冷水、暖房用の温水を造る機器。

チリングユニット

往復動圧縮機、スクリュー圧縮機、スクロール圧縮機などでシリンダー内の冷媒ガスを圧縮し冷房用の冷水を造る機器。

ターボ冷凍機《れいとうき》

高圧の電気を使用し回転する羽根車によって冷媒ガスの圧縮を行い、冷房用の冷水を造る機器。中大規模用に対応できる。

ボイラー

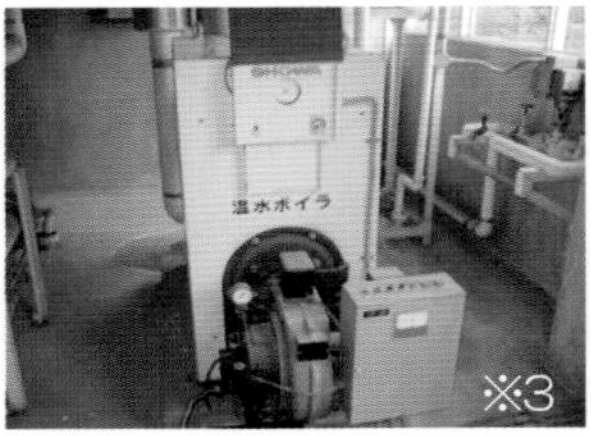

蒸気や温水を発生させる機器。鋳鉄製や鋼製ボイラー、炉筒煙管ボイラー、貫流ボイラー、水管ボイラーなどの種類がある。

膨張《ぼうちょう》タンク

空調用の膨張水を吸収または補給する機器。

冷却塔《れいきゃくとう》

室内の空気を冷やすことで温まった冷却水を再び冷やすための熱交換装置。クーリングタワーともいう。

冷温水《れいおんすい》ポンプ

冷熱源機器によって発生した冷温水を空調機やファンコイル等へ搬送するためのポンプ。

ヘッダー

水などの液体、蒸気などの配管を系統別に分配するため、多数の取出口のついた円筒状の容器のこと。

冷温水配管《れいおんすいはいかん》

空調用に、夏季は冷水、冬季は温水を供給するための配管。熱損失防止や結露防止のため保温材が巻かれている。

各部の名称

8. 設備システム（機械設備）

（2）空気調和設備機器

空調機器

ファンコイルユニット

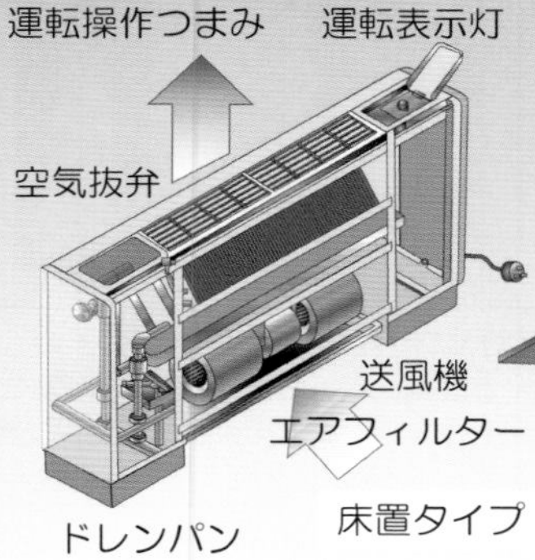

床置タイプ

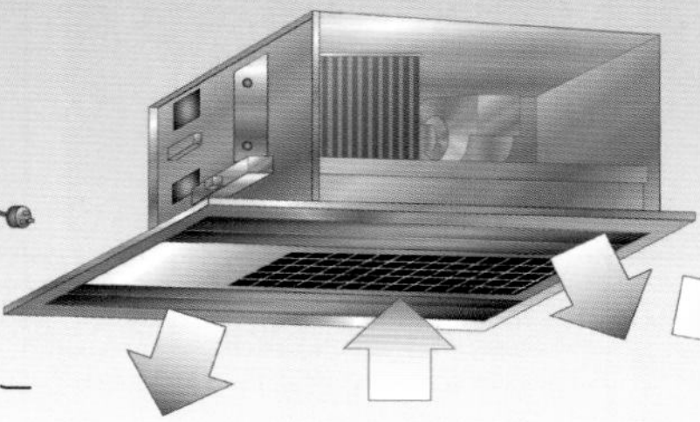

天井タイプ

ユニット形空調機

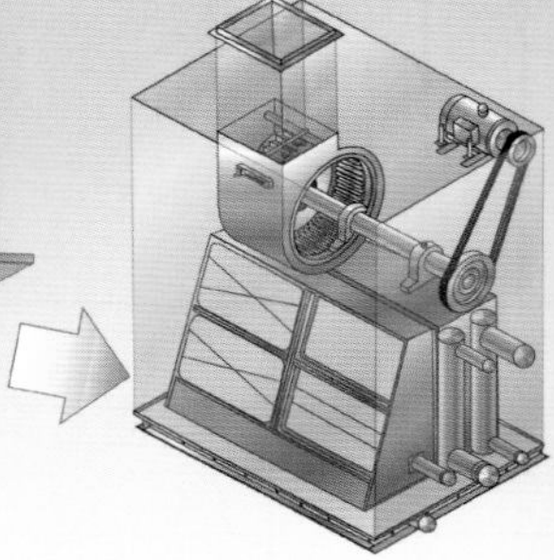

ヒートポンプチラーユニット

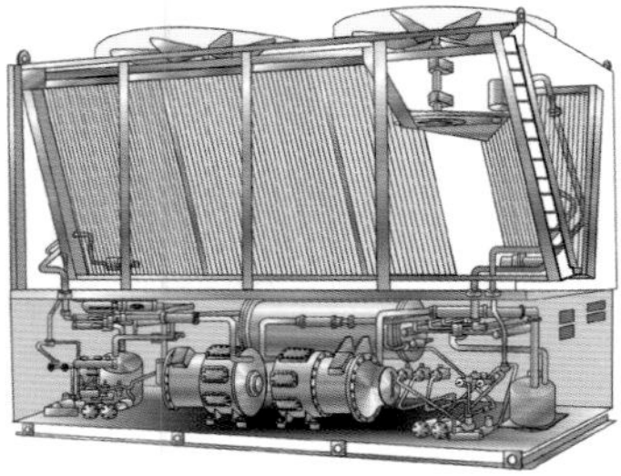

パッケージ形空調機(ヒートポンプ式もある)

（室内ユニット）　（室外ユニット）

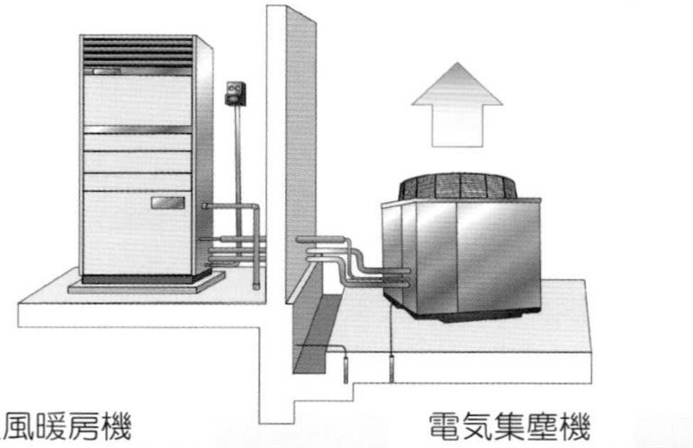

自動巻取形フィルター

温風暖房機

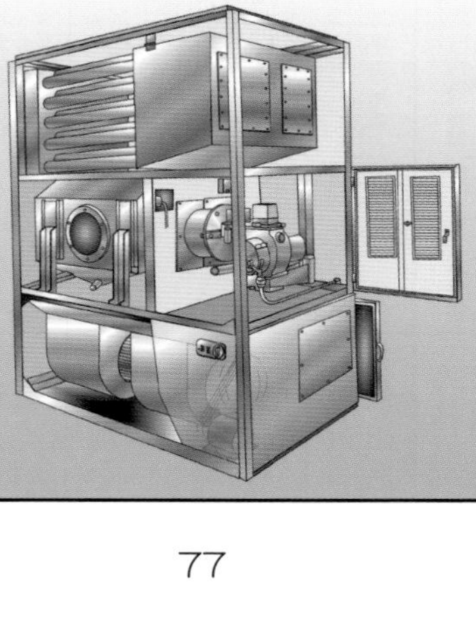

電気集塵機

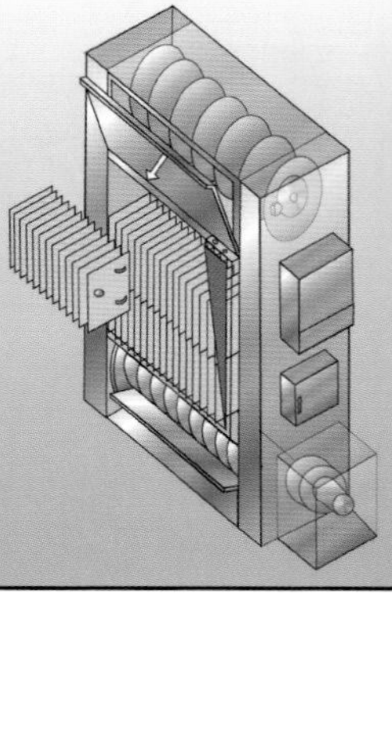

各部の名称
8. 設備システム（機械設備）
（2）空気調和設備機器

ファンコイルユニット（床置《ゆかおき》）

ファンコイルユニット（天井《てんじょう》）

小形の空気調和機のひとつ。ファン、吹出口、冷温水コイル、 フィルターなどからなる。床置き型、天井埋込型などがある。

ユニット形空調機《がたくうちょうき》

空気を冷やしたり加熱するための冷温水コイルや、送風機、加湿ノズル、ドレンパンなどで構成される。

ヒートポンプチラーユニット

空気中などから熱を利用する技術であるヒートポンプにより空調用の冷温水を造る装置。

パッケージ形空調機《がたくうちょうき》

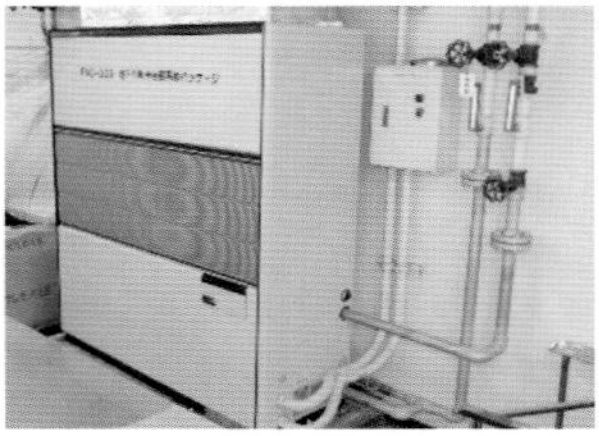

冷凍機と空調機を一体にしたもので、冷凍機の冷却方法に空冷式と水冷式があり、大型では冷却塔を用いた水冷式が多い。

屋外機《おくがいき》

個別の業務室等に採用されるパッケージ形空調機の屋外に設置する機器。

自動巻取形《じどうまきとりがた》フィルター

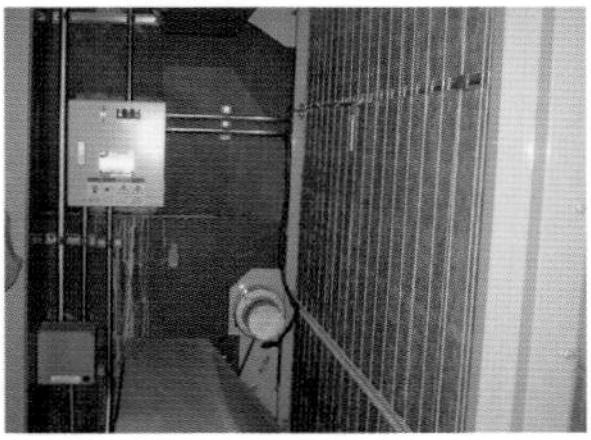

ロール状のフィルター。タイマーや汚れ、空気抵抗によって自動的に巻取り、全部のフィルターを使うまで交換を必要としない。

温風暖房機《おんぷうだんぼうき》

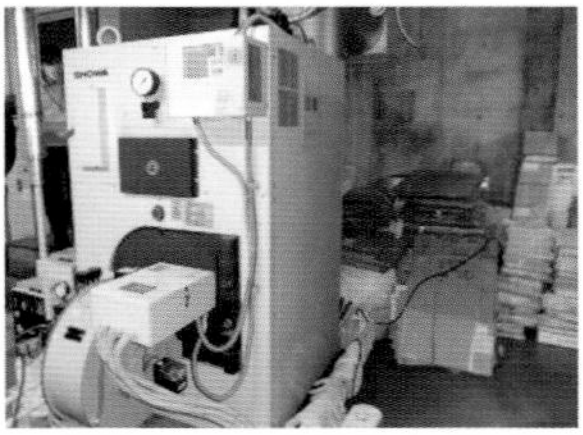

暖房を主目的として温風を発生させる装置で、燃焼ガスが温風に混入しない。

各部の名称
8. 設備システム（機械設備）
（3）排煙設備

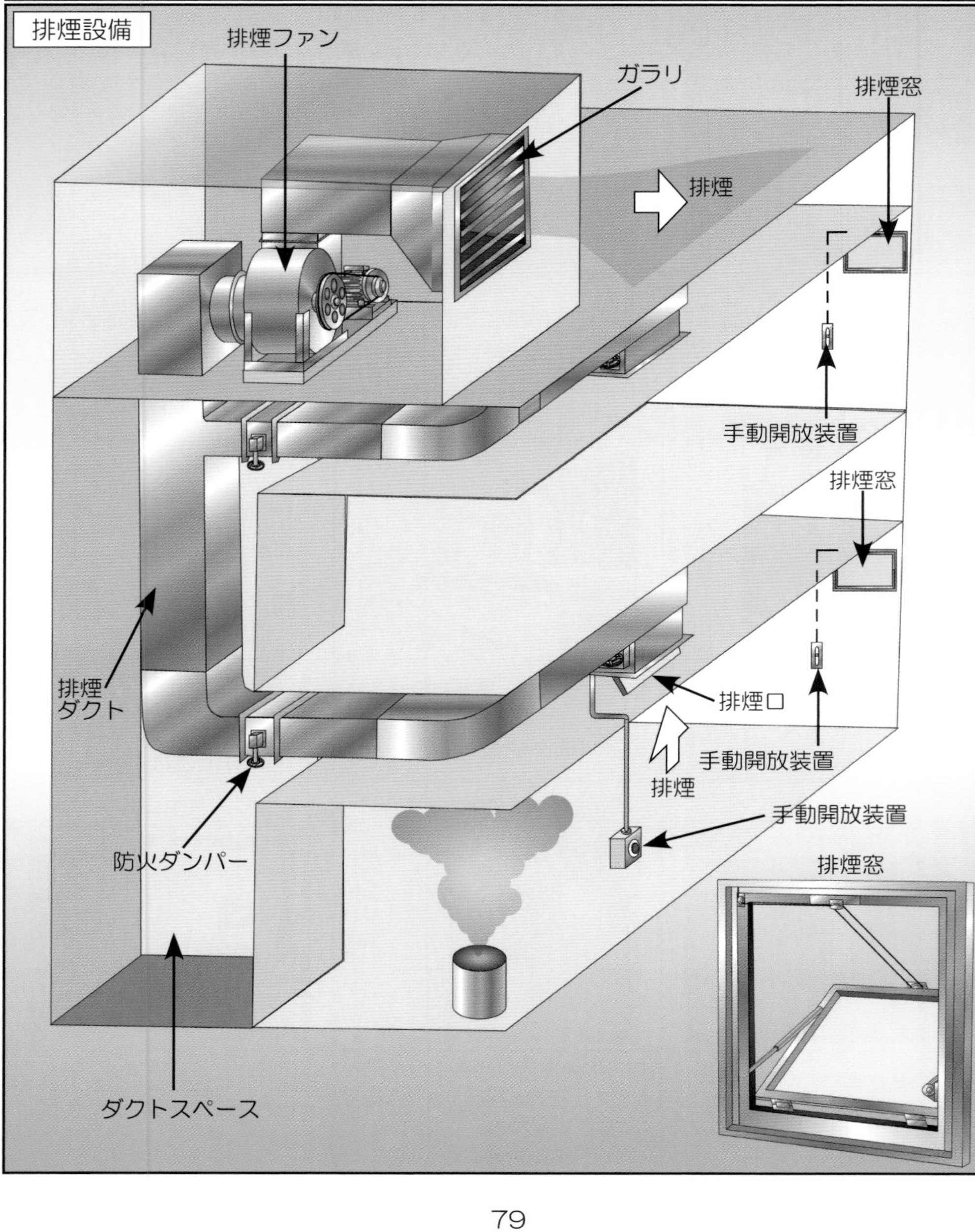

各部の名称
8. 設備システム（機械設備）
（4）換気設備

換気設備

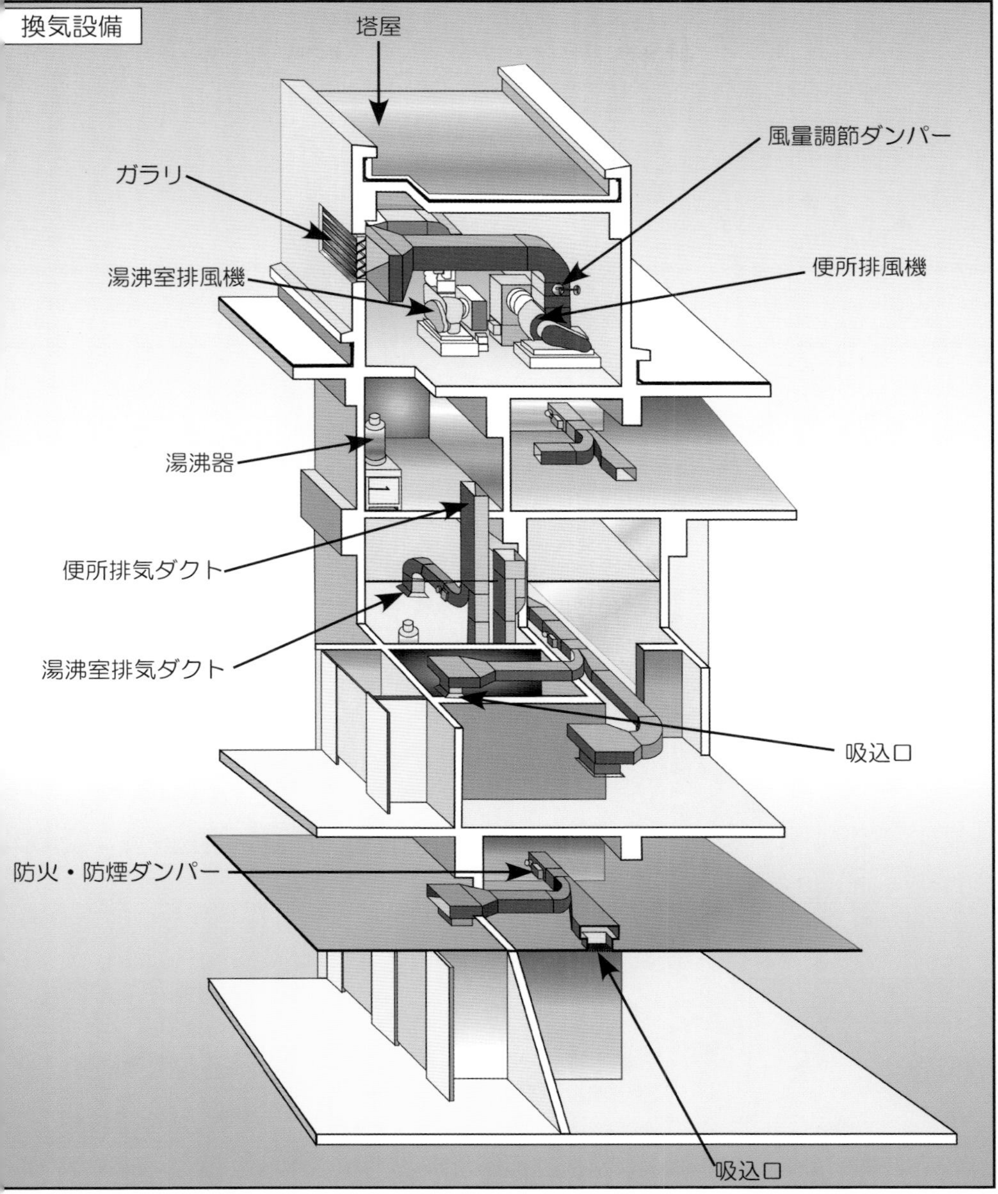

各部の名称

8．設備システム（機械設備）

（5）給排水設備、衛生設備

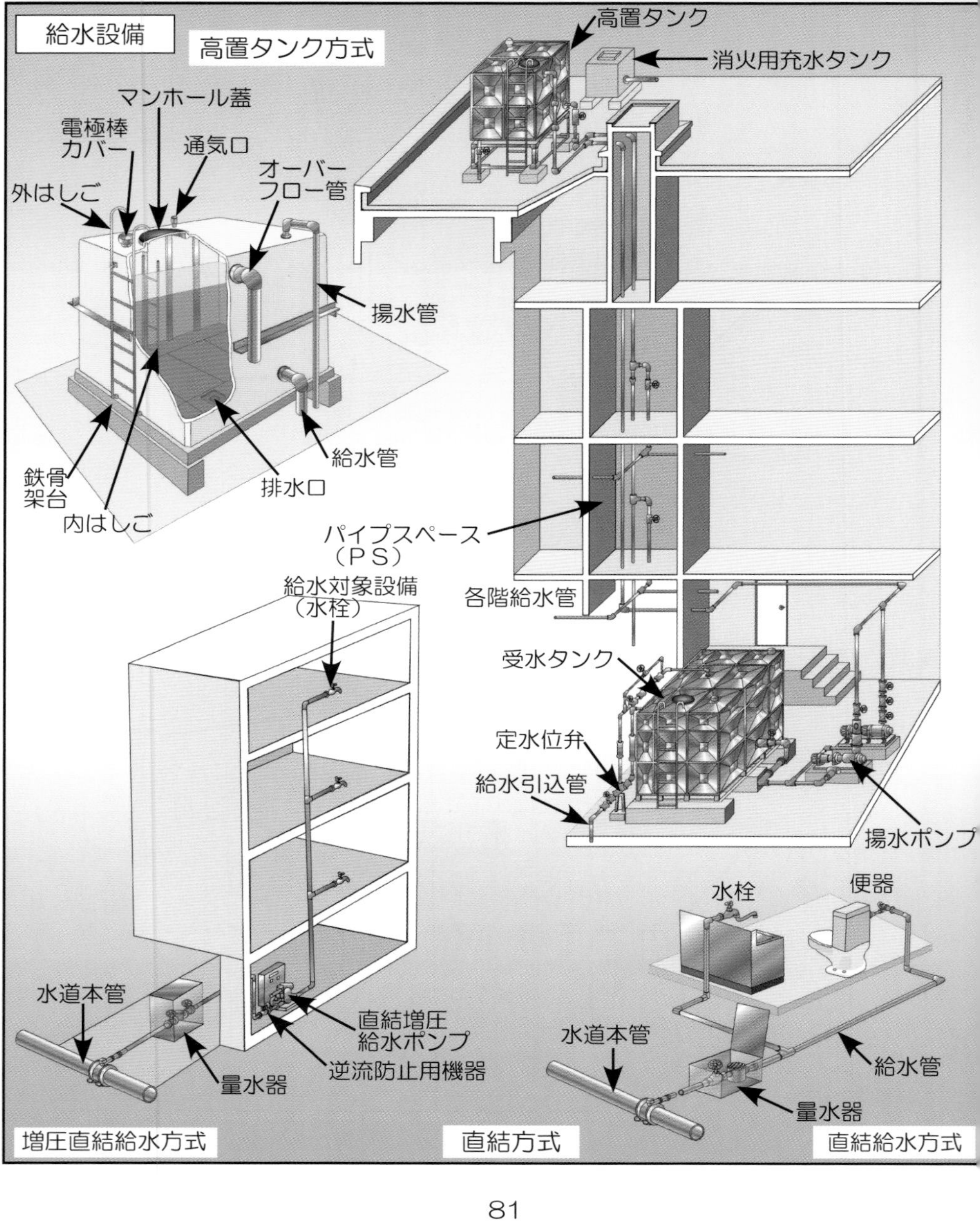

各部の名称

8. 設備システム（機械設備）

（5）給排水設備、衛生設備

排水設備、衛生設備

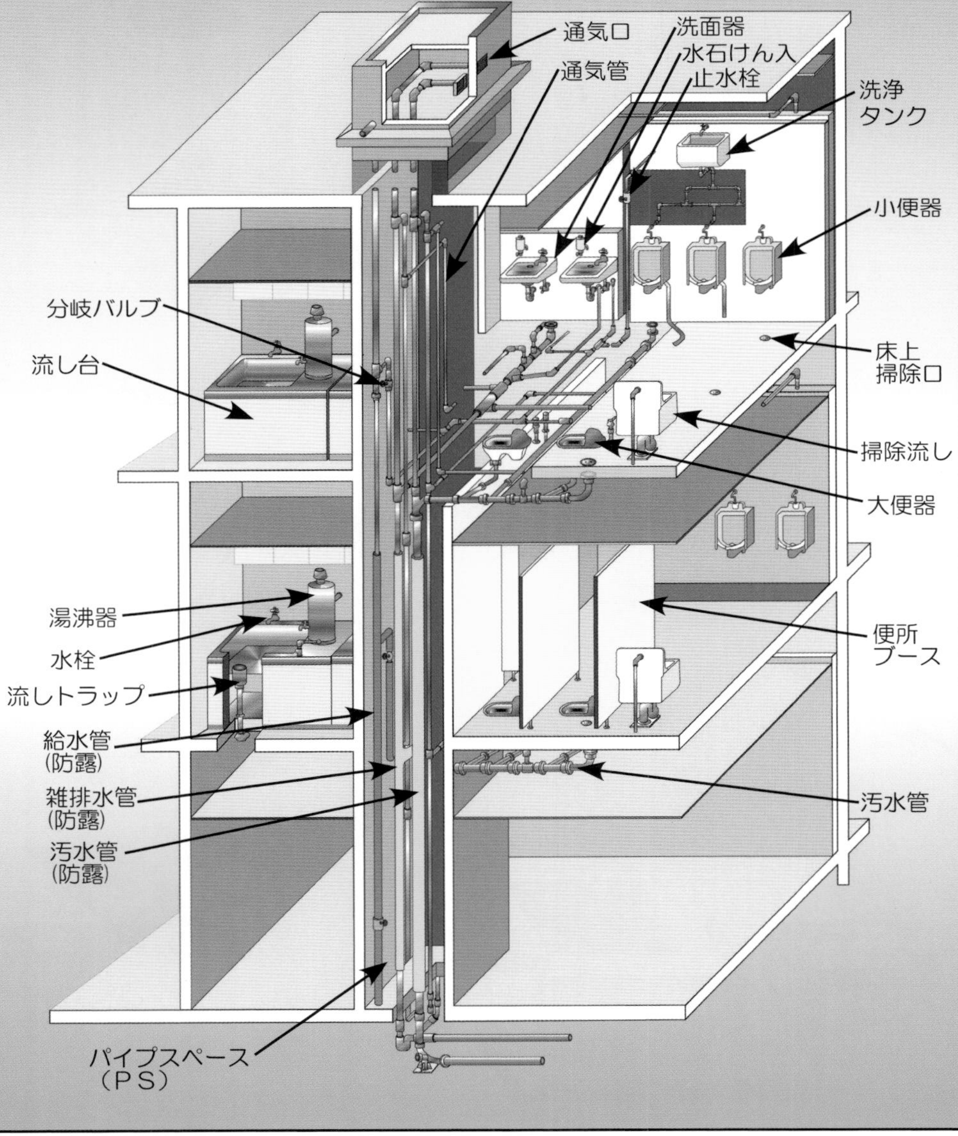

各部の名称
8. 設備システム（機械設備）
（6）排水設備（ます等）

ためます

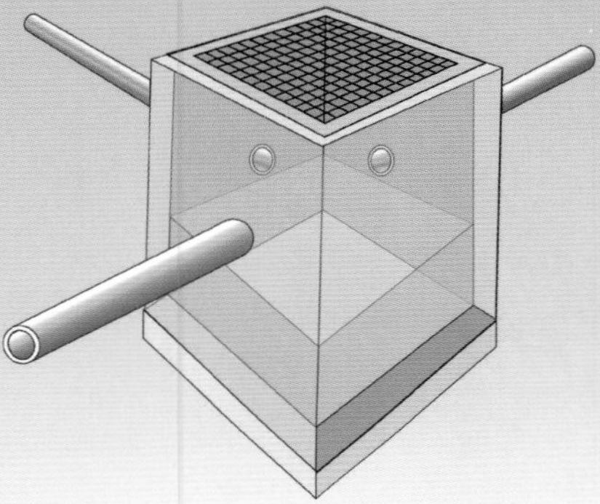

汚水ます

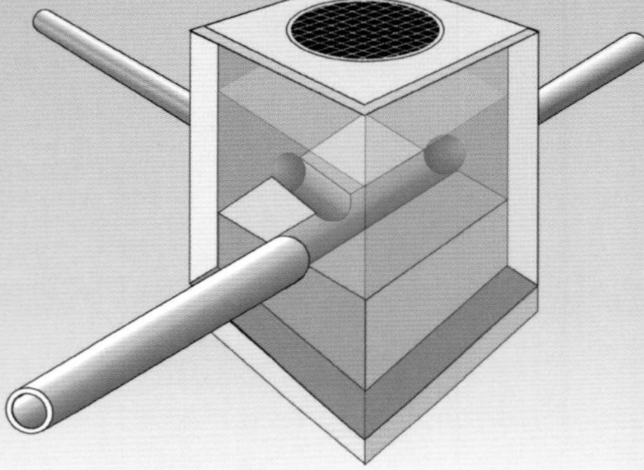

ハンドホール

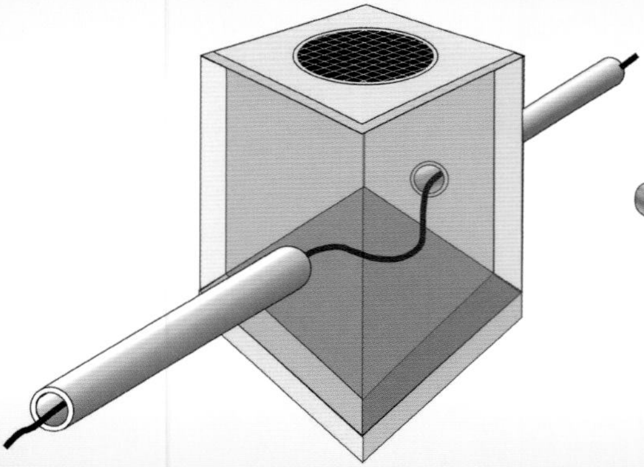

トラップます

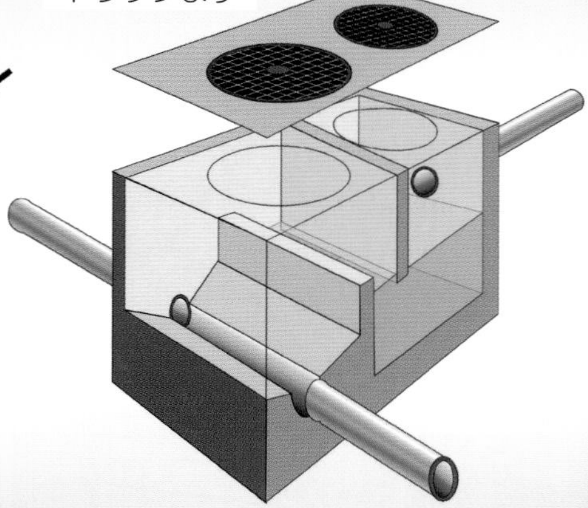

グリーストラップ

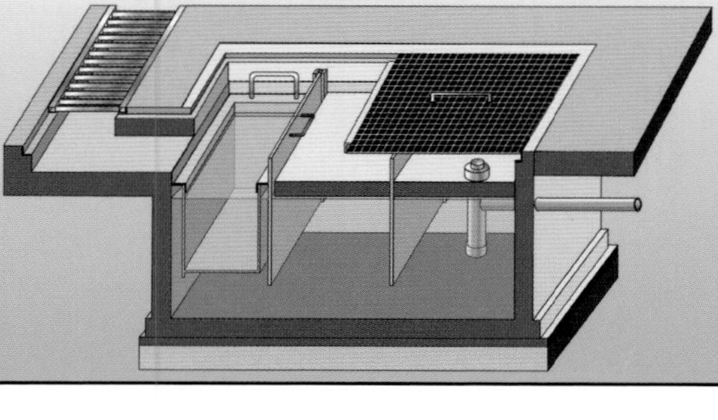

量水器

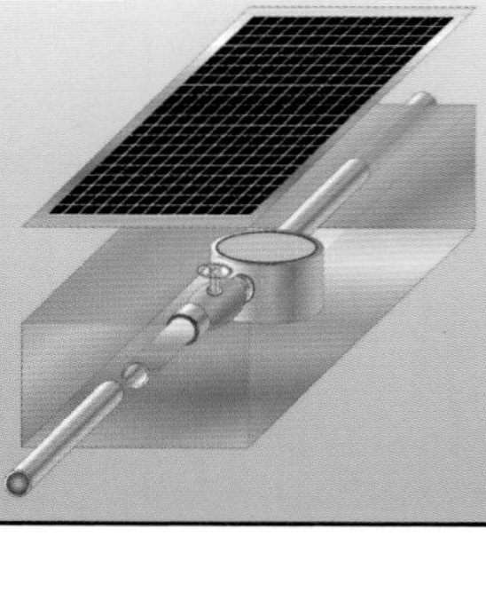

各部の名称
8. 設備システム（機械設備）
（6）排水設備（ます等）

ためます

屋外にある排水管の合流や屈曲する場所などに、適当な間隔ごとに設けたます。土砂や固形物をため、後で掃除しやすくする。

汚水《おすい》ます

汚水の屋外排水の合流点・分岐点・起点などに点検や清掃のために設けるます。底部に誘導路がある。

雨水《うすい》ます

雨水の屋外排水の合流点・分岐点・起点などに点検や清掃のために設けるます。

ハンドホール（電気設備《でんきせつび》）

電気配線を地中に埋設する場合敷設や修理のために設ける地中の箱。

トラップます

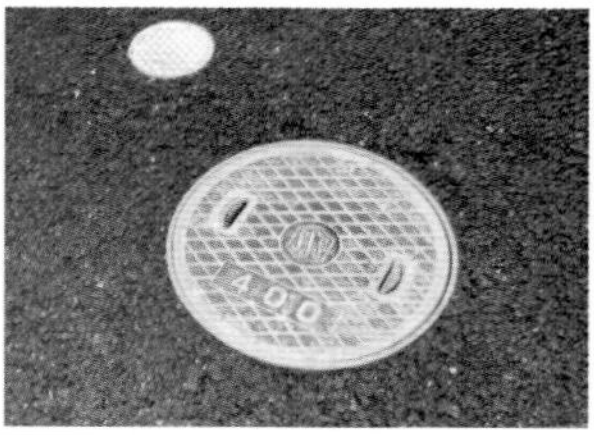

排水設備の配管の途中に設けられ、下水道の悪臭などを遮断し、屋内へ侵入するのを防ぐ。

グリーストラップ

業務用厨房などに設置が義務付けられている油脂分離阻集器。下水道に油脂などが流出することを防ぐ。

合流《ごうりゅう》ます

敷地内から排出される全ての排水が合流する最終ます。

通信用《つうしんよう》ハンドホール

通信ケーブル敷設用として設けられた地中箱。

量水器《りょうすいき》（水道《すいどう》メーター）

管路を流れる水量の計量器。

各部の名称

8. 設備システム（機械設備）

（7）消防設備

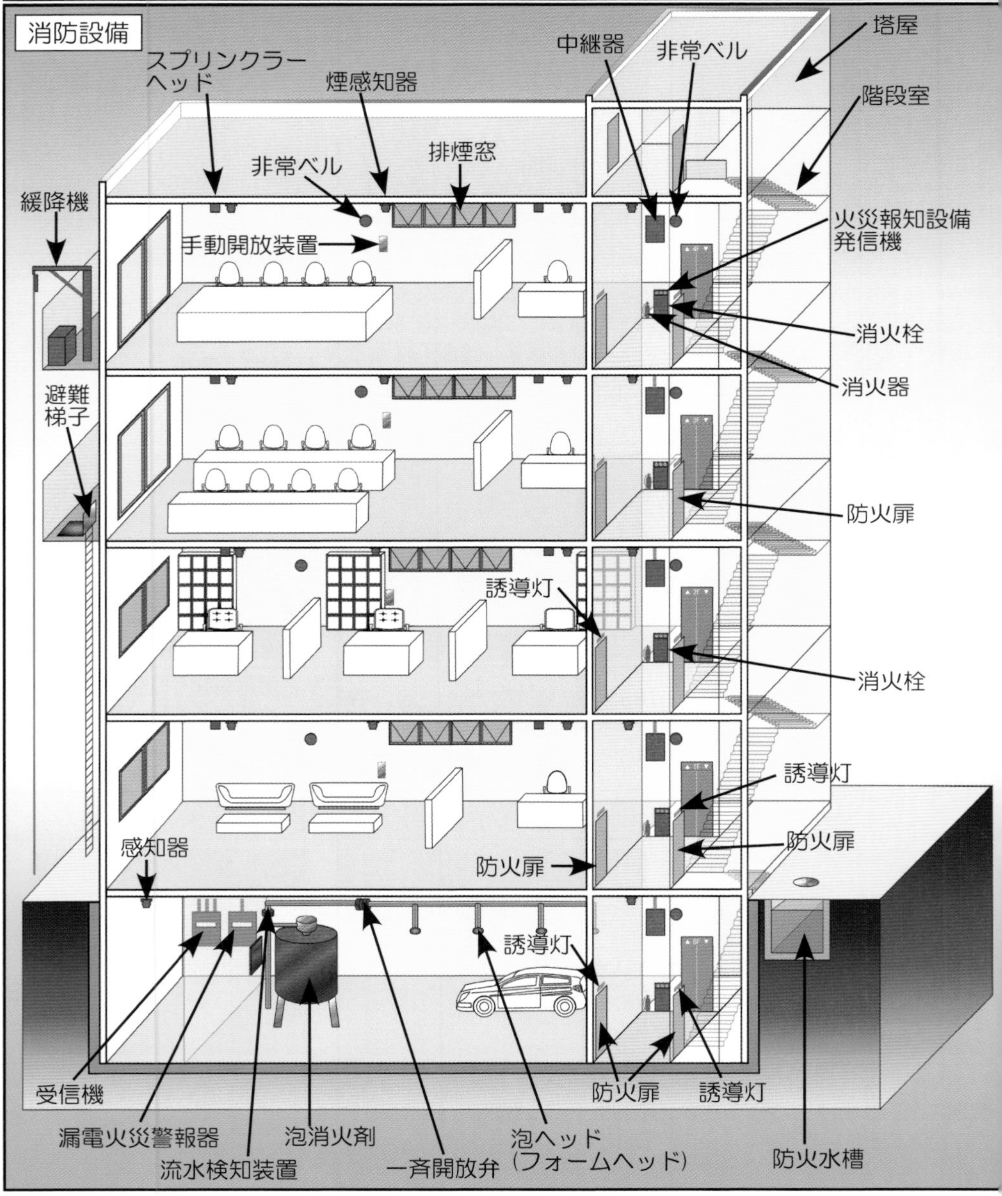

各部の名称
8. 設備システム（機械設備）
（7）消防設備

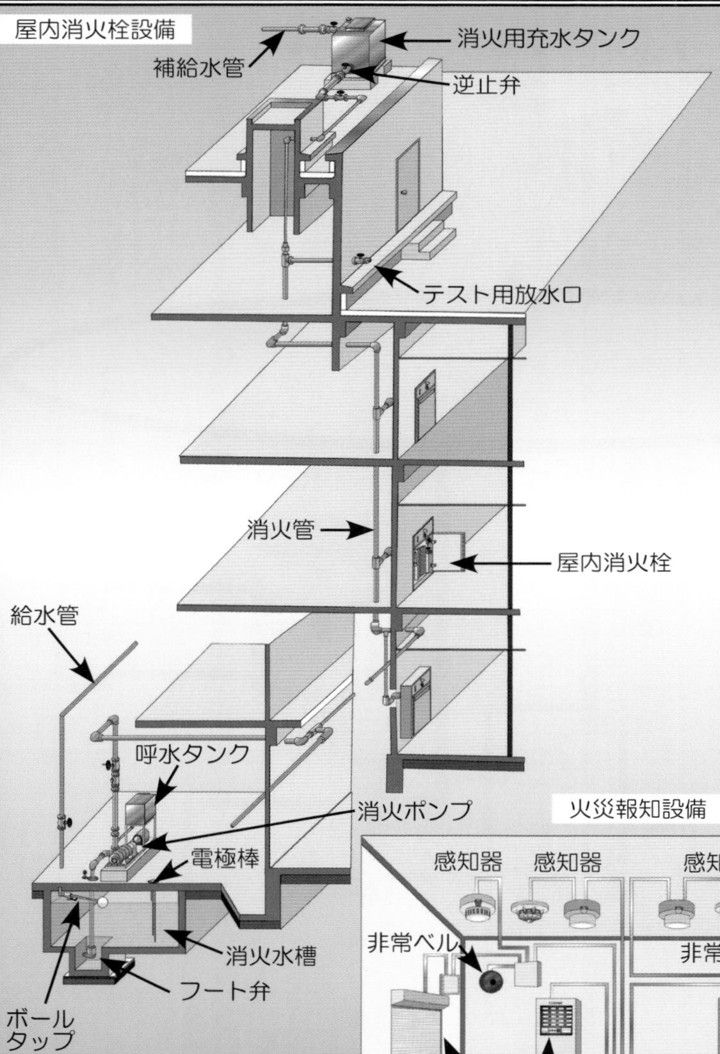

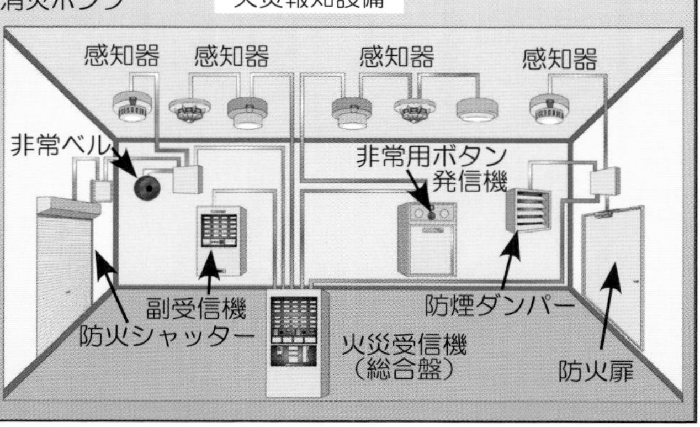

各部の名称

8. 設備システム（機械設備）

(8) 自動制御設備

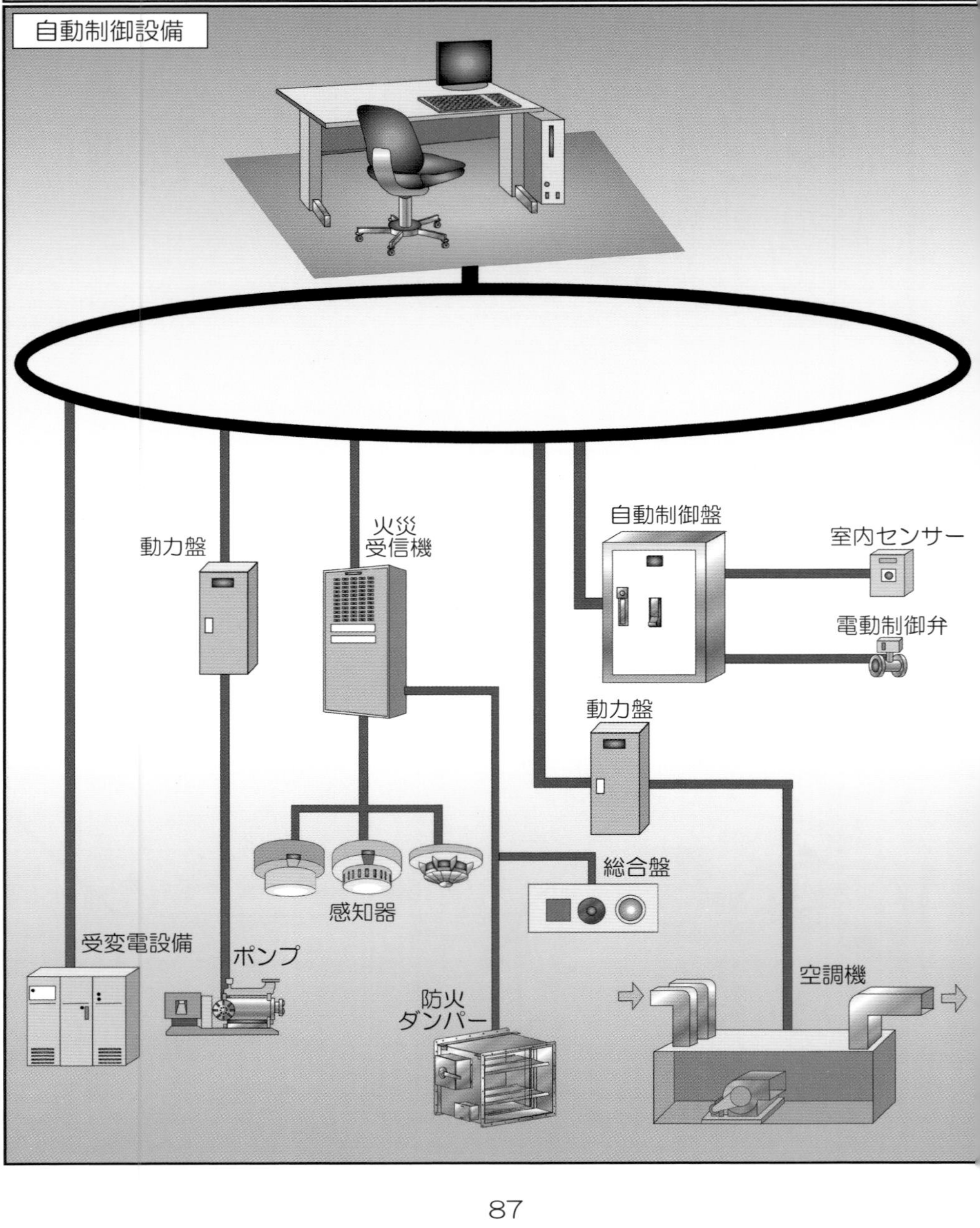

各部の名称
8. 設備システム（機械設備）
（8）自動制御設備

制御室《せいぎょしつ》

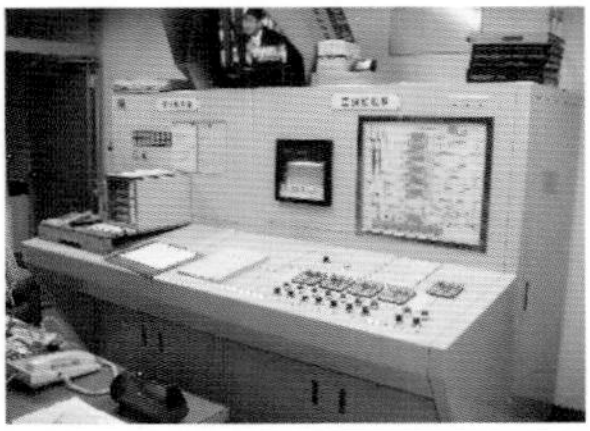

中央制御室などに設置された設備機器の管理等を運転、監視などを一括・集中して行っている設備室。

自動制御盤《じどうせいぎょばん》

自動操作回路を組込んだ空調機やポンプなどの電動機を制御するために必要な開閉器、計器その他の器具を収容したもの。

動力盤《どうりょくばん》

三相のポンプやファンなどのモーター駆動や電灯の電源を供給する盤。

室内《しつない》センサー

検出した室内の温度や湿度に基づく動作信号を空調機や加湿器に送るもの。

電動制御弁《でんどうせいぎょべん》

冷温水、蒸気の制御に使用できる比例動作の電動弁。

ポンプ

液体の移動や加圧に用いる機器。

火災受信機《かさいじゅしんき》・総合盤《そうごうばん》（発信機《はっしんき》）

発信機や感知器からの火災信号を受け、火災発生場所を表示し警報ベルを鳴らす機器。

空調機《くうちょうき》

冷暖房、換気のために送風する空気を適度の状態にする機械を設けた装置。

各部の名称
9. 昇降機
エレベーター、エスカレーター、小荷物専用昇降機

昇降機

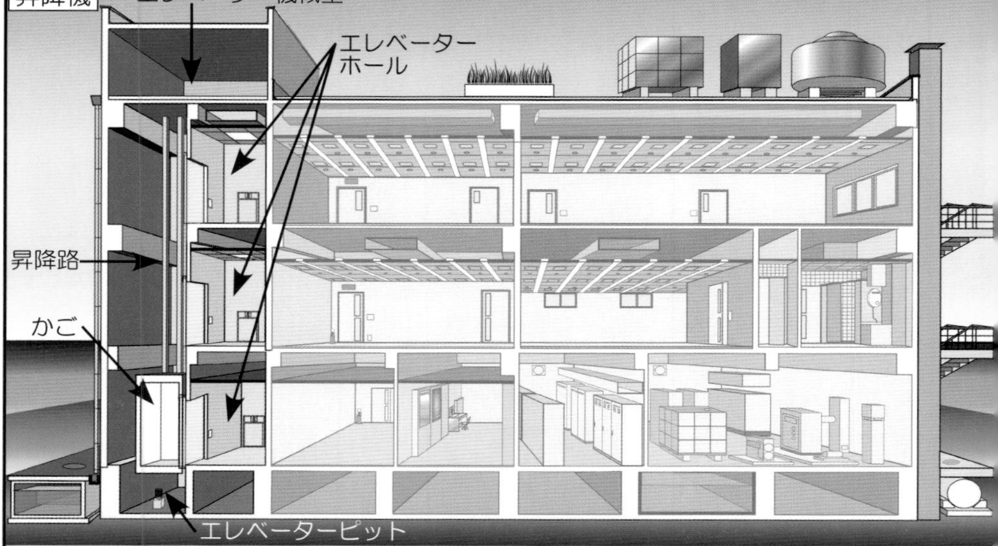

ロープ式昇降機

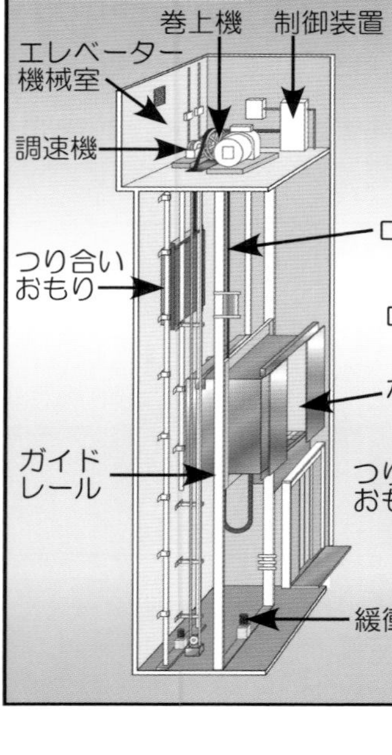

機械室なし昇降機

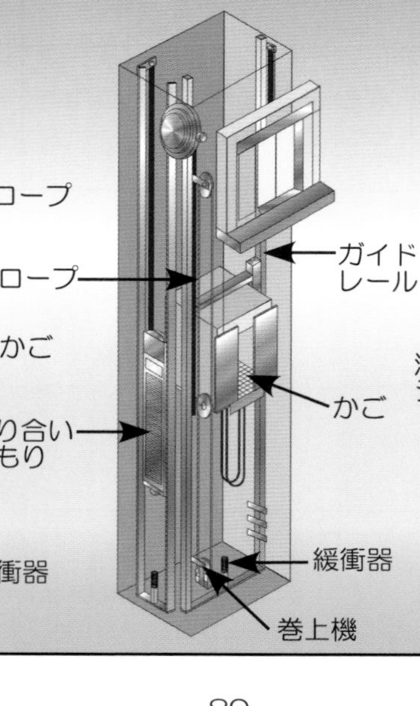

油圧式昇降機

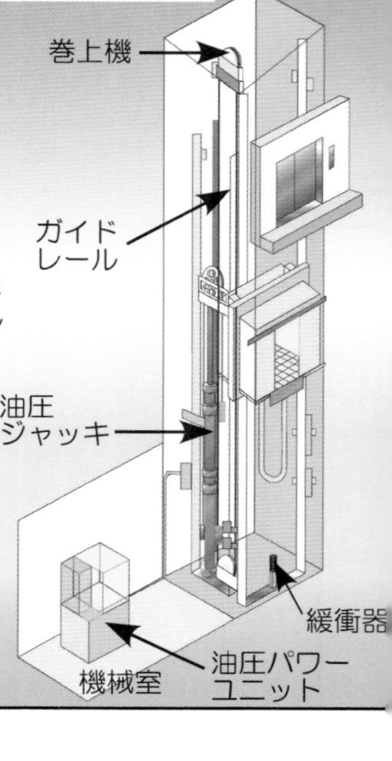

各部の名称
9．昇降機
エレベーター、エスカレーター、小荷物専用昇降機

巻上機《まきあげき》

電動機、減速機、綱車等で構成され、ロープを駆動してかごを昇降させる装置。

制御装置《せいぎょそうち》

エレベーターを制御する装置。

ガイドレール

かごの昇降路に沿い昇降させるためのレール。

かご

人または荷物を載せるはこ。

つり合《あ》いおもり

かごと反対側のロープに取付けられるおもり。巻上機の回転力を小さくすることができる。

緩衝器《かんしょうき》

かごが落下した時またはかごが上昇しすぎた時に備えて、エレベーター底面と天井面に取付られている衝撃緩衝装置。

ロープ（主索《しゅさく》）

エレベーターのかごを昇降させるためのロープ。

小荷物専用昇降機《こにもつせんようしょうこうき》

昇降機の一種で物を運搬するための小形のエレベーター。ダムウエーターともいう。

エスカレーター

自動階段。上下階を結ぶ階段状の昇降装置。

編　集　委　員

林　　　理

山　本　康　友

池　澤　龍　三

本書は、（一財）建築保全センターの上記委員により作成・編集したものです。

施設管理者のための
建築物の簡易な劣化判定ハンドブック
令和5年版　第Ⅲ編　各部の名称

令和5年11月1日　第1版第1刷発行

検印省略

定価 1,650 円（本体 1,500 円 + 税 10%）
送料実費

編集
発行　一般財団法人　建築保全センター
〒104 − 0033
東京都中央区新川1 − 24 − 8
電　話　03（3553）0070
F A X　03（3553）6767
https://www.bmmc.or.jp/

印刷　株式会社 報　光　社

ISBN978-4-907762-69-8